金沢
検定

予想問題集

2021

CONTENTS
目次

金沢
検定
予想問題集
2021

※本書では敬称を略させていただきました。
　問題、解説などは2021年4月現在、一般に広く認識されている
　説、見解に基づいています。

金沢検定とは

　金沢検定は、金沢に関する歴史や文化、経済、産業など、さまざまな分野から、「金沢通」の度合いを認定する検定試験です。金沢の魅力を国内外に発信し、歴史、伝統、文化に彩られた金沢という都市が持つブランド力をさらに高め、金沢の歴史や文化を学び、ふるさとへの愛着と誇りを再認識する機会になることを願って行われています。

第17回金沢検定　実施要項 ━━━━━━━

主催：一般社団法人金沢経済同友会

実施日時

2021（令和3）年11月6日（土）
午前10時30分〜正午（90分）

申込期間

2021（令和3）年6月1日（火）〜 10月13日（水）
※期間中に申し込みができなかった方のために、初級に限り、
　当日受付が行われる予定。

予定試験会場

北國新聞会館、石川県教育会館、ITビジネスプラザ武蔵、野村證券金沢支店、金沢商工会議所、アパ金沢ビル、TKP金沢新幹線口会議室（井門金沢ビル）、本多の森会議室、金沢電気ビル、澁谷工業MCセンター、石川県地場産業振興センター、金沢学院大学など

出題範囲

歴史、文学、寺社・建造物（神社、仏閣、史跡、庭園）、金沢ことば、伝説、生活・行事（祭り、ならわし、料理、菓子）、自然・地理（地名）、美術・工芸（伝統工芸、伝統文化）、芸能、産業・経済、その他（まちづくり、観光、ふるさとの偉人）などの分野から合計100問が出題されます。
四者択一・マークシート方式で、各級80点以上が合格となります。

出題程度・内容

初級 金沢の歴史、文化などに基本的な知識がある。

中級 金沢の歴史、文化などにある程度の知識がある。

上級 金沢の歴史、文化などに高度な知識がある。

検定料（税込み）

初級 大人 1,000円、中学生以下　500円

中級 大人 1,500円、中学生以下　800円

上級 大人 2,000円、中学生以下 1,000円

※申込締め切り日までに検定料を納付しないと受験できません。
※上級試験を受験できるのは、過去の中級合格者に限ります。

問い合わせ先

（一社）金沢経済同友会内　金沢検定試験実行委員会
TEL：076（232）0352
FAX：076（232）1533
（午前9時30分〜午後5時、土・日・祝日を除く）
URL：http://www.kanazawa-kentei.com
E-mail：info@kanazawa-kentei.com

合格者に
交付される
バッジ

初級 中級 上級

第16回金沢検定　試験結果 —————————

第16回金沢検定は2020（令和2）年10月31日に実施され、下記の結果となりました。

	受験者 （人）	合格者 （人）	合格率	最高点	平均点
初級	2171	199	9.2%	98	51.4
中級	459	10	2.2%	86	48.9
上級	106	2	1.9%	80	52.4
合計	2736	211	—	—	—

	第1回 合格率	第2回 合格率	第3回 合格率	第4回 合格率	第5回 合格率	第6回 合格率	第7回 合格率	第8回 合格率	第9回 合格率	第10回 合格率	第11回 合格率	第12回 合格率	第13回 合格率	第14回 合格率	第15回 合格率
初級	5.6%	13.9%	19.9%	9.3%	20.5%	5.7%	14.4%	5.2%	6.9%	14.1%	26.0%	12.1%	5.4%	2.5%	19.9%
中級	2.2%	18.8%	30.9%	30.7%	17.7%	4.9%	23.8%	5.1%	6.0%	18.7%	13.9%	4.9%	3.3%	0.8%	14.2%
上級	—	13.3%	4.3%	2.8%	0.5%	4.2%	17.1%	2.8%	6.7%	2.6%	0.0%	1.3%	12.4%	0.0%	19.3%

年代別

	初　級		中　級		上　級	
年　代	受験者 （人）	合格者 （人）	受験者 （人）	合格者 （人）	受験者 （人）	合格者 （人）
9歳以下	2	0	0	0	0	0
10～19歳	42	1	3	0	0	0
20～29歳	518	19	17	0	0	0
30～39歳	499	25	40	1	2	0
40～49歳	576	45	111	1	11	0
50～59歳	371	44	139	5	24	0
60～69歳	131	52	98	1	36	2
70～79歳	30	13	46	2	32	0
80～89歳	2	0	5	0	1	0
90歳以上	0	0	0	0	0	0
合　計	2171	199	459	10	106	2

本書を活用する前に

　金沢検定は2005（平成17）年に第1回を実施し、昨年までに16回を数えます。

　この間に、毎回、初・中級には各100問ずつ、中級合格者のみに受験資格がある上級には第2回から100問ずつ出題され、これまでに**初級は1600問、中級も1600問、そして上級は1500問、合わせて4700問が出されました。**これは大変な数です。

「基本は過去問にあり」

　これだけの「過去問」があるということは、少なくとも**初・中級は過去問の傾向を探り、合格への対策を立てることができます。**

　上級はさらに深掘りした問題が続くでしょう。しかし、「基本は過去問にあり」です。

　本書では、第1回からの過去問を洗い直して、初級・中級では、これだけは知っておきたい問題、あるいは正答率が約40%から約70%の問題を中心に、よりすぐりました。11のジャンルから計340問を載せています。この問題集に挑んでみて「まったく歯がたたない」と感じた人は、まず各ジャンルの基礎知識をしっかり勉強するのが合格への近道です。

予想問題集と参考書で勉強

　予想問題には、少しですが、上級向けも交じっています。

　いずれにせよ、各級合格の近道は本書で過去問の傾向を探り、「よく分かる金沢検定受験参考書」で基礎知識を身に付けるとともに、応用力を養うことです。以下に、予想問題集と参考書の効果的な勉強法を示します。

歴史など2ジャンルから出題の4割強

　近年の過去問は①最近の話題や出来事・町づくりと市政②歴史③史跡・庭園・地理・寺社・建造物④食文化・ならわし・金沢ことば⑤美術・工芸・芸能⑥文学・文芸⑦ゆかりの人物の各分野から一定割合で出されています。

　第16回では、各分野で以下のような問題数の割り振りでした。

初　　級		中　　級		上　　級	
①	10問	①	15問	①	15問
②	25問	②	25問	②	25問
③	20問	③	15問	③	15問
④	15問	④	15問	④	15問
⑤	15問	⑤	15問	⑤	15問
⑥	7問	⑥	7問	⑥	7問
⑦	8問	⑦	8問	⑦	8問

　以上により、初級のみ①と③の問題数に多い少ないがあるだけで、中級も上級も各ジャンルの出題数は同じです。②歴史③史跡・庭園・地理・寺社・建造物で40問から45問と100問のうち40 ～ 45％を占めています。したがってこの3分野は重点的に勉強するのが得策でしょう。

　予想問題集もジャンル別になっています。出題形式は4択で本番と同じです。

　予想問題集で大事なのは、答え欄の解説文です。知らないことがあったら、覚えてください。応用力の養成につながります。また、4択のうち、正解でない3つについても人名などは、自分で調べ、知識を深めるとよいでしょう。

「最近の話題」は新聞切り抜きで

　予想問題集筆頭の「最近の話題」は、2020（令和2）年11月から21（同3）年3月31日までの北國新聞記事を参考にしました。

　最近の話題は北國新聞を切り抜いて勉強するとよいでしょう。朝刊の1面、社会面、金沢版などに大きく扱われた地域の話題は要チェックです。21年5月から10月くらいまでは、マイ切り抜き帖を作成し勉強してはいかがでしょうか。

☑の項目は必須

　次に「よく分かる金沢検定受験参考書」をどう活用するかです。参考書の構成はⅠ.加賀藩主とその家族たち　Ⅱ.加賀藩政のポイント　Ⅲ.金沢城と兼六園　Ⅳ.成り立ちと街並み　Ⅴ.まちづくりと市政Ⅵ.美術工芸　Ⅶ.文学　Ⅷ.芸能・スポーツ　Ⅸ.偉人・ゆかりの人物　Ⅹ.食・年中行事・方言・民話となっています。

　各章にはⅠなら「織田家臣団の武将利家」などと大見出しがあり、その中に☑マークの「前田利昌の4男／尾張国荒子で生まれる」などの中見出し付きの説明文があります。この内容は、初級・中級を受ける人には必須の基礎知識です。

CHECK 👆 こぼれ話 も大切

　さらに CHECK① 👆 や CHECK② 👆、たまに CHECK③ 👆 あるいは こぼれ話 といったコラムがありますが、これらも初・中級受験者、特に中級受験者にとってはポイントです。

　また、一覧表がよく出てきますが、これらもくまなく覚えるとよいでしょう。

現地に足運び、現物を見る

　知識を裏打ちするには現地に足を運び、現物を見るのが一番です。金沢検定の始めの頃、上級合格者に金沢市の観光ボランティアガイドの「まいどさん」が多かったのは、そのためだとも言われています。

　例えば、金沢城や兼六園は予想問題集や受験参考書をあらかじめチェックしておき、それらを手に現地に足を運ぶとよいでしょう。知識に血が通い、新たな発見があるかも知れません。文学だと、石川近代文学館や泉鏡花記念館、室生犀星記念館、徳田秋聲記念館などは訪ねておくべきでしょう。偉人・ゆかりの人物では金沢ふるさと偉人館で基礎知識は得ておきましょう。

予想問題集と参考書をセットで

　上級受験者は、過去問を徹底的に分析し、覚える必要があります。予想問題集はここ３年分は北國新聞社出版局に在庫があります。全予想問題集は市内の県立図書館、市立図書館などにそろっています。

　「金沢検定予想問題集」と「よく分かる金沢検定受験参考書」に加えて末尾の参考図書は重要です。特に上級受験者は、北國新聞社の季刊文芸雑誌「北國文華」のバックナンバーもできる限り目を通して、知識の幅を広げましょう。

　<u>とにかく、愚直に勉強するのが合格への近道です。がんばってください。</u>

金沢検定
予想問題集
2021

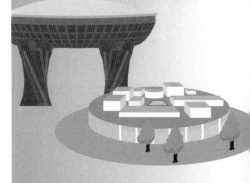

問1

金沢市と金沢美大は、日本を代表する工業デザイナー 柳 宗理の資料を保管・展示する柳宗理デザインミュージアム(仮称)を、市内の(　　)で整備する方針を固めた。

① 市民芸術村　　② 卯辰山工芸工房

③ 西町教育研修館　　④ 金沢美大

問2

2019年に全焼した世界遺産首里城跡(沖縄県那覇市)の正殿彫刻を「平成の復元」で手掛けた金沢の彫刻家、故(　　)の作品木型や道具類が、遺族によって同県に寄贈されることになった。

① 川岸要吉　　② 都賀田勇馬

③ 吉田三郎　　④ 今英男

問3

2020年秋に湖池屋(東京)が期間限定で販売した(　　)風味のポテトチップスが21年度にリニューアルして全国発売される。

① 金沢甘エビ　　② 金沢香箱ガニ

③ 五郎島金時　　④ 打木赤皮甘栗かぼちゃ

問4

加賀野菜の一つ「(　　)」を題材にした映画「種まく旅人」は栗山千明、平岡祐太が主演し、2021年4月全国公開された。

① 源助だいこん　　② 五郎島金時

③ 加賀れんこん　　④ 金沢 春 菊

答 1

③ 西町教育研修館

金沢美大は2020年、柳の資料を保管する柳工業デザイン研究会（東京）から、資料約6700点の寄贈を受けることで合意した。柳は金沢美大の特別客員教授を務めており、製品開発に向けて作った模型や設計図など、寄贈品はデザイン資料としてかなり価値が高いとしている。

答 2

④ 今英男

今英男の妻良子が、自宅に保管されているのを見つけた。正殿正面の真ん中にある「向拝」を飾っていた竜の彫刻の木型約30片や、幅約2㍍の紙に書かれた原寸大の下絵など貴重なものばかり。加えて、ノミや彫刻刀、木づちなどの道具類数十点も「再復元」に役立ててもらいたいとしている。

答 3

① 金沢甘エビ

2020年９月に全国のコンビニエンスストアやスーパーで発売した「ジャパンプライドポテト　金沢の甘えび」は、甘エビの濃厚なうまみと香ばしい風味が特徴で、金沢美大生がパッケージデザインを手がけた。湖池屋の佐藤章社長は「風味もパッケージも進化させたい」と語っている。

答 4

③ 加賀れんこん

１次産業を応援する「種まく旅人」シリーズの4作目で、サブタイトルは「〜華蓮のかがやき〜」。農家の後継ぎ問題や女性の活躍が描かれる。井上昌典監督がメガホンを取り、2019年9〜10月に石川県内でロケが行われた。主演する栗山千明は、2021年百万石まつりのお松の方役に決まった。

問5

ひがし茶屋街の茶屋「(　　)」が、2019年秋に閉店した茶屋「山とみ」の跡地に移転オープン、観光客が行き交う一等地に再び三味の音が響いている。

① 八しげ　　② 藤乃弥

③ 志摩　　④ 藤とし

問6

金沢市で受け継がれる「(　　)金箔製造」の国連教育科学文化機関(ユネスコ)無形文化遺産登録が決まり、保存団体の金沢金箔伝統技術保存会は藩政期から続く技の継承に決意を新たにした。

① 縁取　　② 縁付

③ 断切　　④ 断縁

12

問7

金沢市文化財保護審議会は、三小牛町の三小牛ハバ遺跡内の山林寺院(　　)跡から発掘した奈良・平安時代の出土品を、市有形文化財に指定するよう市教育委員会に答申した。

① 三千寺　　② 三萬寺

③ 三林寺　　④ 三森寺

問8

金沢から小矢部までを結ぶ古道「(　　)」は、金沢、津幡、小矢部の3市町の住民により金沢市北千石町の約300㍍の区間が整備されるなどほぼ全てが復元された。

① 源平越　　② 小原越

③ 二俣越　　④ 田近越

答5

② 藤乃弥

藤乃弥は、元芸妓で女将の吉川弥栄子が2013年に開業し、ひがし茶屋街の裏通りに看板を掲げてきた。茶屋街の風情を守ることを意気に感じ、コロナ禍に家賃が３倍以上になるのを覚悟で茶屋「山とみ」の茶屋建築へ移転を決めた。

答6

② 縁付

全国の金箔生産の大半を占める金沢の金箔は、伝統的製法の「縁付金箔」と近代的製法の「断切金箔」に二大別される。縁付金箔は手漉きの雁皮紙を藁灰汁や柿渋に漬けて仕上げた箔打紙に金を挟んでひたすら打ち延ばす。箔打紙が金箔の出来を左右するとされ、仕込みに長い時間と高度な技術を要する。

答7

① 三千寺

三千寺は1986－88年の発掘調査で存在が確認されており、奈良・平安時代の僧侶が使った仏具や日用雑器が見つかっている。指定対象となるのは、墨書土器など仏教関連の遺物285点で、このうち個人所有の「銅板鋳出仏」は、奈良市の法隆寺や唐招提寺と同形で、修行僧の念持仏だったとみられている。

答8

④ 田近越

田近越は金沢市琴町、北千石町から津幡町を経て、小矢部市八講田まで続く全長約6㌔の古道。道筋には戦国時代、前田利家と佐々成政が攻防を繰り広げた朝日山城跡や一乗寺城跡などが残る。2019年10月、金沢、南砺両市を結ぶ小原越と二俣越とともに文化庁の「歴史の道百選」に一括して追加認定された。

県金沢城・兼六園管理事務所は、兼六園で2016年に枯死した（　　）「2代目姫小松」の後継となるマツを移植した。マツは3代目の（　　）として名前を引き継ぐ。

① 景観名木　　② 継承名木

③ 特別名木　　④ 特選名木

2022年度上半期、金大工学部跡に開館する石川県立図書館の屋外には、里山をイメージし子どもが耕作や観察会などの体験学習が可能な（　　）を設ける。

① お話の森　　② 活動の森

③ 体験の森　　④ 癒やしの森

金沢港クルーズターミナル完成後初めて今春、金沢港に入港したクルーズ船は（　　）である。

① にっぽん丸
② 飛鳥 II
③ ぱしふぃっくびいなす
④ クイーン・エリザベス

明治時代に旧森下町（現在の東山）に生まれた発明家、藤本吉二が昭和初期に考案したおもちゃ（　　）の製造工場跡（東山3丁目）がひ孫の姉妹によってコーヒー＆パン店に生まれ変わった。

① けん玉　　② 花はじき

③ 水鉄砲　　④ 知恵の輪

答9

③ 特別名木

姫小松は、加賀藩祖前田利家が金沢城に入った際、兼六園の地にかつてあった宝円寺(現・宝町)の境内に植えたとされる。初代は1995年に老化のため枯死し、初代の脇に植樹された2代目も、シロアリによる食害が原因で枯死した。3代目は高さ6.5㍍幹回り85㌢。2代目が植えられていた眺望台近くの代替橋詰めに植栽した。

答10

① お話の森

新県立図書館では、自由に閲覧できる開架図書は現図書館の約3倍となる30万冊に充実させ、最新鋭のブックナビゲーションシステムも導入。屋外には「お話の森」のほか、ベンチで読書を楽しめる「読書の庭」、様々な活動の場として利用可能な「交流の広場」などを設け、学びと文化の拠点とする。

答11

② 飛鳥Ⅱ

金沢港では、金沢港クルーズターミナルが完成したもののコロナ禍の影響を受け、豪華客船の入港は「開店休業」の状態が続いていた。2021(令和3)年4月2日、551日ぶりに日本船籍最大のクルーズ船「飛鳥Ⅱ」(5万444㌧)が入港した。飛鳥Ⅱは郵船クルーズ(横浜市)が運航している。

答12

② 花はじき

藤本吉二は明治期、発明家として才能を発揮、幼児向け数字ビスケットを製造。大正期には薄く柔らかい国産オブラートを考案し、「藤本式嚥下物包紙」の名称で特許を取得した。昭和に入りジャガイモのでんぷんを原料に花の形をした「花はじき」を考案。子どもが誤って飲み込んでも安全として普及した。

問 13

金大の山崎光悦学長は文部科学省が採択した教育改革「社会変革先導人材育成プログラム」に沿い改革を進めるとして、「金大生には世界を股にかけ活躍できる現代版(　　)を狙わせたい」と抱負を語った。

　① 鈴木大拙_{だいせつ}　　② 西田幾多郎_{きたろう}

　③ 高峰譲吉_{じょうきち}　　④ 木村 栄_{ひさし}

問 14

金沢美大客員教授を務める野々市市出身のアニメ映画監督(　　)と美大生20人が合同で、新キャンパス移転プロモーション事業の一環として2020(令和2)年12月、短編アニメを完成させた。

　① 新海 誠_{しんかい}　　② 米林宏昌_{ひろまさ}

　③ 細田 守　　④ 宮崎吾郎

問 15

加賀藩祖前田利家の四女にちなんで名付けられた(　　)「金沢豪姫_{ごうひめ}」の木が2021年5月、金沢から豪姫の夫・宇喜多秀家の流刑地となった東京・八丈島に贈られ、植樹されることになった。

　① ウメ　　② サクラ

　③ モモ　　④ ツバキ

問 16

皇室ゆかりの美術品を収蔵する皇居「(　　)尚蔵_{しょうぞう}館_{かん}」の特別展が、2023年に石川県で開かれる国民文化祭に合わせて、金沢市の国立工芸館と石川県立美術館を会場に計画されている。

　① 新丸　　② 二の丸

　③ 三の丸　　④ 書陵部_{しょりょう}

答13

③ 高峰譲吉

山崎学長は、社会変革先導人材の目指すところとして、高岡生まれ、金沢育ちの高峰譲吉博士を挙げた。地元の偉人の中でも、世界的な化学者で会社設立や国際親善でも手腕を発揮した点を評価し、「学生の5%でもいい。金大の殻を破り、弾けた人材、尖った人材を育てたい」と語った。

答14

② 米林宏昌

作品名は「With All Our Hearts」で、一心不乱に絵を描き続ける少女が主人公。挫折を感じていた少女が失敗作だと思っていた自身の作品に励まされ、再びキャンバスに向かう物語となっている。米林監督は「学生の個性と僕の個性が混じり合って面白い作品が生まれた」とコメントした。

答15

④ ツバキ

金沢市のツバキ愛好家の千田清司が2009年、豪姫の菩提寺である浄土宗大蓮寺に、自ら開発した品種「金沢豪姫」を寄贈。大きく育った親木から採った枝を、歴史愛好家の岡崎惠子(内灘町)、園芸愛好家の寺内芳江(同)が植樹できるまでに育てた。5月23日の豪姫命日に合わせ、渡島する。

答16

③ 三の丸

谷本正憲知事は新年あいさつで北國新聞社を訪れ、2023年秋に県内で開催予定の国民文化祭で、皇居・東御苑内にある「三の丸尚蔵館」の特別展を国立工芸館とともに県立美術館でも開催する方針をあらためて示した。「両館の連携協力の一つの証しとなり、素晴らしい機会だ」と述べた。

問 1

金沢市は2019年年頭の市長あいさつで「木質都市」への移行を打ち出したが、この政策は「（　　）・金沢」と改名され、21年度から本腰を入れる。

① 木の文化都市　　② 木の創造都市

③ 木の匠（たくみ）都市　　④ 木の意匠（いしょう）都市

問 2

金沢市が2021年度から始める、学生にまちなか居住を促す新事業で、学生1人に10万円の奨励金を支給する条件に該当しないのは（　　）である。

① 居住地町会への加入
② コミュニティ活動への参加
③ まちづくり活動への参加
④ 市内民間企業での就業体験

問 3

近江町市場の開設300年を記念したロゴマークのデザインで正しい組み合わせは（　　　）である。

① ねじり鉢巻きの店員とかばんを提げた客
②「女」の字に加能ガニと源助だいこん
③「おみちょ」の字といちば館の外観
④ 300の数字とねじり鉢巻き

問 4

金澤町家の保存と国際交流の促進に向け、金沢美大と（　　）は、芸術家が小立野5丁目の金澤町家に滞在しながら創作活動する、「アーティスト・イン・レジデンス」事業に連携して取り組み始めた。

① 福光屋　　② 三谷産業

③ 松原病院　　④ 北國銀行

答1

① 木の文化都市

金沢市は21年度、「木の文化都市・金沢」を推進するため、公民館と児童館の新築・改築時に、木材使用に対する支援制度を創設する。金沢産スギ材を使った住宅への奨励金制度も設ける。木の文化都市は、木が見える建造物を増やし落ち着いた景観を維持するもので、木材導入に伴う経費増を軽減する狙い。

答2

④ 市内民間企業での就業体験

金沢市は支給の条件として、学生が町会に加入した上で▽雪かきボランティアなどのコミュニティ活動▽金沢マラソンボランティアなどのまちづくり活動▽伝統文化体験事業や市役所インターンシップ参加といった金沢への愛着を育む活動―の3分野全てに登録・参加すること、としている。

答3

① ねじり鉢巻きの店員とかばんを提げた客

ロゴマークは近江町市場商店街振興組合が金沢情報ITクリエイター専門学校の学生に制作を依頼し、1年生横西千奈のデザインが採用された。ロゴの構図は店と客の心の距離が近い「市民の台所」をデザイン化、無限を示す記号「∞」があしらわれている。4月から店頭などに掲げ節目を盛り上げている。

答4

② 三谷産業

「アーティスト・イン・金澤町家」と銘打ち、三谷産業が取得した小立野5丁目の金澤町家を活用する。当該の滞在する芸術家は創作活動にとどまらず、金沢美大での講演も計画し、学生の留学や海外活動に対する関心を高めるようにする。町家の1階では公開制作も行い、市民らとの交流も図る。

問5

委託先のバス事業者の運転手不足を理由に21年度から減便される金沢ふらっとバスの4ルートのうち、2021年4月から北陸鉄道に代わって西日本ジェイアールバスが運営しているのは( )である。

① 此花　　② 菊川

③ 材木　　④ 長町

問6

金沢市とベルギー・ゲント市との姉妹都市提携50周年を記念し、北陸ベルギー友好協会はゲント市の金沢交流サポーターズクラブに( )を贈った。

① 加賀友禅卓布　　② 加賀象嵌入り置物

③ 九谷焼置物　　④ 茶道具一式

問7

新築移転が2023年以降に予定される金沢美大の新キャンパスで、ガラス屋根で覆われたメインストリート「( )」は大学の活動を広く発信する場と想定されている。
　　① アートプロムナード
　　② アートストラーダ
　　③ アートスクエア
　　④ アートピアッツァ

問8

金沢市が民間企業2社と協定を結び、ITビジネスプラザ武蔵に開設した、デジタル・トランスフォーメーション(DX)などを支援する施設は( )・ベースである。
　　① クラウド・カナザワ
　　② アジュール・カナザワ
　　③ DX・カナザワ
　　④ IT・カナザワ

③ 材木

　ふらっとバスの全4ルートで、運行間隔は15分から20分となり、1時間当たりの本数は4便から3便に減る。従来、此花、菊川、材木の3ルートは北陸鉄道、長町は西日本ジェイアールバスが運営してきたが、2021年4月から材木も西日本ジェイアールバスに運行委託する。

④ 茶道具一式

　姉妹都市提携50周年で企画したゲント市への訪問と茶会が、新型コロナウイルスの影響で延期されているため、せめて現地の人に金沢から贈った茶道具一式で茶の湯を楽しみ、金沢に根付く文化に親しんでもらおうと企画。茶碗、茶杓、棗、建水など一式を寄付や購入でそろえ送った。

21

① アートプロムナード

　小立野5丁目から2丁目の金大工学部跡地に移転する新キャンパスは延べ床面積3万7400平方㍍で、現行と比べ1.3倍広くなる。メインストリート「アートプロムナード」のほか、「創作の庭」、専門分野を問わず全学生が利用できる共通工房、スタジオやシアターを備えたメディアセンターなどを設ける。

② アジュール・カナザワ

　金沢市はシステムサポート(同市)、日本マイクロソフトとともに協定を結び、DX などの支援施設であるアジュール・カナザワ・ベースを開設し、北陸地方における IT 都市化の実現を目的に、クラウドサービスを活用した新たなビジネス創出や IT 人材の育成も推進する。

市内の公立図書館の中でも、北陸で唯一の特色とされる、国連の活動を発信する広報拠点としての役割を持つのは（　　）図書館である。

① 県立　　② 海みらい

③ 玉川　　④ 泉野

金沢市は伝統行事や食、自然といった「地域のお宝」を金沢（　　）遺産として登録する制度を創設する方針を固めた。公民館や市民から推薦を募って、2022年度にも認定を始める見通しである。

① 歴史　　② 民俗

③ 庶民　　④ 継承

問11

金沢市は金大工学部跡地に移転・整備する金沢美大と県立図書館の付近を流れる辰巳用水の修景事業に着手した。現在のコンクリート護岸に代え、富山県（　　）産の川石を積み藩政期の景観を再現する。

① 庄川　　　　② 神通川

③ 常願寺川　　④ 黒部川

問12

金沢駅金沢港口側に2020年8月開業したホテル「ハイアットセントリック金沢」1階ホールには、（　　）の松や用水を描いた能登町出身の芸術家大森慶宣氏と東京の作家小沢敦志氏合作の作品が飾られている。

① 金沢城　　　② 兼六園

③ 尾山神社　　④ 金沢駅兼六園口

④ 泉野

金沢市泉野図書館は開館翌年の1996(平成8)年、ニューヨークにある国連の付属「ダグ・ハマーショルド図書館」から「金沢市国連寄託図書館」の認定を受けた。利用者は、新聞やテレビだけでは知ることのできない国連の情報を得て、国連の活動を身近に感じ、グローバルな知識を学ぶことができる。

① 歴史

正月遊びの「旗源平」や住民が保全する湧き水、祭りに欠かせない郷土料理など地域で伝承してきた身近な物事を「未指定の文化財」としてとらえ、リスト化して住民が守り、受け継ぐ機運を高める。「金沢歴史遺産登録制度(仮称)」を21年度末までに策定することを決めた。

③ 常願寺川

金沢市によると、辰巳用水は犀川、浅野川の河原で採れた川石が使われたとされる。現在は両河川で川石を採る業者はいないとされる。2020年度から始めた修景事業では、これまでも市内の用水工事に使われてきた、常願寺川産の川石を用いる。戸室石は山石のため、石積みには充てない方針である。

② 兼六園

ハイアットセントリック金沢の館内は、金沢などの地元作家が手掛けた作品約100点が飾られ、宿泊客に石川、金沢の伝統と文化を伝える。「金沢を作り上げてきた人々の営みと、その営みから紡ぎ上げられてきた街並み・物」を作品のテーマに掲げ、彫金人間国宝の中川衛氏らの作品が彩りを添えている。

問13

金沢市と白山市の境界の山間部にある（　　）周辺に憩いの場をつくる計画が、住民と金沢市内の有志によって具体化し2020年夏から整備が始まった。

① 坪野　　　② 平栗

③ 菊水　　　④ 倉ケ嶽

問14

金沢市は（　　）校舎を増改築し、第5世代(5G)移動通信システムを備えた「価値創造拠点施設」を整備する。

① 旧材木町小　　　② 旧野町小

③ 旧菊川町小　　　④ 旧新竪町小

24

問15

2020年5月7日に供用を開始した金沢市役所第二本庁舎(柿木畠)では、2階に最新の防災情報システムを備えた（　　）センターがある。

① 防災対策　　　② 有事管理

③ 危機管理　　　④ 災害情報管理

問16

金沢市は幼児教育・保育の質を向上させるとともに、保育所・幼稚園・認定こども園と小学校の接続強化を図り、推進体制を構築する（　　）センターを2020年4月、教育プラザ富樫に開設した。

① 幼児教育　　　　② 幼保小接続強化

③ 幼児教育推進　　④ 幼保教育推進

④ 倉ケ嶽

計画では、樹木を伐採して散策路などを設け、標高500メートル以上の山から雄大な自然と景色を楽しめる新スポットを目指す。当該地区は過疎化や住民の高齢化が進んでおり、里山を生かして地域の活性化につなげる。整備する山からは、金沢の市街地から能登の宝達山までの展望が楽しめる。

② 旧野町小

市の計画では、AI（人工知能）やIoT（モノのインターネット）を活用した工芸と食の付加価値創造スペースをそれぞれ設けるとともに、創業支援オフィスも開設する。このほか、子供たちの独創力や新たな価値を創造する高度なデジタル人材の育成を図る。4階建て校舎をフル活用する。

③ 危機管理

危機管理センターの災害対策本部室には、55型モニターを12台並べ、消防局の高所カメラの映像が同時に見られるようになっている。気象や河川水位、雨量、カメラ画像、消防指令、積雪など、様々なシステム・機関からの情報をリアルタイムに収集でき、対策に生かすことができる。

① 幼児教育

市は幼児教育センターを開設し、「たかめる」「そだてる」「つながる」「よりそう」の4本柱で事業展開を始めた。市では連携協定を結んだ東大大学院の協力を得て、学生が保育士や幼稚園教諭になるための課題を掘り下げ、人材の育成と確保につなげていきたいとしている。

3

問 1

金沢市新保本5丁目にある国指定史跡チカモリ遺跡（縄文時代後・晩期）は、（　　）の木で作られた柱を並べた環状木柱列で知られる。

① カシ　　② ブナ

③ クリ　　④ スギ

問 2

金沢の古墳時代後期の大型首長墓として知られる、（　　）古墳は全長推定約70㍍の前方後円墳であったが、既に消滅している。

① おまる塚　　② 吉原親王塚

③ 神谷内　　④ 御所

問 3

金沢21世紀美術館の建設前に調査された広坂遺跡からは、主に（　　）時代の瓦が多く見つかっている。

① 奈良　　② 平安

③ 鎌倉　　④ 室町

問 4

古代の律令国家は、都と地方の連絡を緊密に行うため、「駅制」と呼ぶ交通制度を整備し、金沢市域では北陸道の駅路として（　　）が設置された。

① 大野駅　　② 大桑駅

③ 玉鉾駅　　④ 田上駅

答1

③ クリ

1987（昭和62）年に国指定史跡となったチカモリ遺跡は縄文時代後期から晩期の集落遺跡である。「環状木柱列」は直径約60－90㌢のクリの木を縦半分に割り、円形状に立てて並べられている。遺跡の中心部は「チカモリ遺跡公園」となっている。

答2

② 吉原親王塚

古墳時代の始まりは、現在3世紀代と考えるのが有力である。首長墓の墳形は、前方後円墳と前方後方墳があり、前者が多い。金沢では市北東部の神谷内、小坂、御所などの丘陵上に古墳群が分布している。中でも大型首長墓は吉原親王塚と長坂二子塚がともに前方後円墳であったが、既に消滅している。

答3

① 奈良

金沢21世紀美術館建設に伴い発掘された広坂遺跡からは、飛鳥から奈良時代の瓦が大量に出土した。瓦は文様から2期に分類でき、古式は金沢市北部の観法寺窯で生産され、新式は市東部の末窯で生産されたとされる。古式も新式も、軒丸瓦と軒平瓦の組み合わせで構成されている。

答4

④ 田上駅

北陸道加賀国の駅は、「日本紀略」の弘仁14（823）年6月丁亥条によると、江沼郡、能美郡に各2駅、石川郡に1駅、加賀郡に3駅、合わせて8駅が置かれている。加賀郡3駅のうち金沢市域の駅は、田上郷に置かれたとみられる田上駅で、これに続く北方の駅が津幡町域の深見駅である。

問5

. . . .

源平合戦の倶利伽羅峠の戦いで平家軍を破った木曽義仲は、その後の平家追討の過程で、現在の金沢・（　　）あたりに陣を張ったと考えられている。

① 蚊爪　　② 大桑

③ 広岡　　④ 東山

問6

. . . .

1488（長享２）年、加賀国守護・富樫政親（とがしまさちか）が一向一揆勢と戦い、高尾城で自害した後、代わって守護の地位に就いたのは（　　）であった。

① 河合宣久（のぶひろ）　　② 富樫幸千代（ゆきちよ）
③ 下間頼総（しもつまらいそう）　　④ 富樫泰高（やすたか）

問7

. . . .

1580（天正８）年、柴田勝家の甥（おい）（　　）が、金沢御堂（尾山御坊）を攻め落とし、金沢城主となった。

① 前田慶次　　② 佐久間盛政（もりまさ）
③ 丹羽長秀（ながひで）　　④ 佐々成政（さっさなりまさ）

問8

. . . .

加賀藩祖前田利家の烏帽子親（えぼしおや）と伝えられているのは（　　）である。

① 織田信長　　② 柴田勝家

③ 津田信家　　④ 前田利春

答
5

③ 広岡

　源平合戦を克明に描いた「源平盛衰記」によると、倶利伽羅峠の戦いでの勝利に勢いを得た木曽義仲は越中から加賀にかけて平家軍を追討する道程で、「加賀平岳野の木立林に陣を取りて白旗を上げたり」と記される。「平岳野の木立林」は現在の金沢市の平岡野神社あたりを指したとみられる。

答
6

④ 富樫泰高

　金沢の高尾城を居城とした富樫政親は洲崎慶覚を指導者とする一向一揆勢に攻められ、自害した。政親に代わって守護の地位に就いたのは富樫泰高だった。その後、加賀の地はいわゆる「百姓の持ちたる国」となり、一向一揆と本願寺が金沢御堂を現在の金沢城に築き約100年にわたり支配した。

答
7

② 佐久間盛政

　1580（天正8）年4月、柴田勝家傘下の佐久間盛政が、一向一揆勢と本願寺が築いた金沢御堂が陥落し、約100年続いた加賀一向一揆は事実上、幕を閉じた。佐久間盛政は、小立野台地の先端の金沢御堂跡に居城を構え、加賀支配に乗り出すが、その後賤ケ岳で羽柴秀吉軍に敗れ処刑された。

答
8

③ 津田信家

　烏帽子親は儀礼的親子関係の一種で男子が成人に際して立てる仮親。利家の生年は1536（天文5）、38（同7）年など諸説あるが、1537（天文6）年の説が有力とされる。15歳で後の天下人・織田信長に仕え、信長の従兄弟に当たる津田孫三郎信家を烏帽子親として元服し、孫四郎利家と名乗った。

問9

藩祖利家が初陣を飾ったのは、1552(天文21)年の
(　　)の戦いとされる。

① 浮野 (うき の)　② 桶狭間 (おけはざ ま)

③ 海津 (かい づ)　④ 稲生 (い のう)

問10

1584(天正12)年、土肥次茂が城代を務める能登・
末森城は、越中の佐々成政勢に攻められたが、(　　)
らが前田利家の援軍を待ちながら粘り強く抵抗した。

① 神保氏張 (うじはる)　② 奥村永福 (ながとみ)

③ 横山長隆　④ 溝口秀勝

問11

藩祖利家の兄、利久の婿養子となった(　　)は、前
田家を離れて上杉家などに仕え、「かぶき者」で知ら
れた。

① 前田慶次　② 不破光治 (ふ わ みつはる)

③ 滝川一益 (かずます)　④ 佐々成政 (さっさ)

問12

太閤秀吉最晩年の「醍醐の花見」に藩祖利家の正
室まつとともに招かれたのは利家の三女(　　)であ
る。

① 豪 (ごう)　② 与免 (よ めん)

③ 麻阿 (ま あ)　④ 幸 (こう)

答 9

③ 海津

利家は1552年、尾張・海津(萱津)の戦いで初陣を飾った。1556(弘治2)年の稲生の戦いで禄100貫を加増され、150貫の身の上となり、配下に村井長頼を召し抱えた。1558(永禄元)年の浮野の戦いで武功を立て、又左衛門と改称し、「槍の又左」の異名をとった。

答 10

② 奥村永福

1584(天正12)年9月9日、佐々成政は前田利家の領国である加賀国と能登国の分断を図るため、宝達山を越え、坪山砦に布陣し、総勢1万5000人で能登・末森城を包囲する。翌日、戦闘が始まると、城将奥村永福ら1500人が籠城戦を展開した。奥村らは利家の援軍を得て勝利した。

答 11

① 前田慶次

前田慶次は、戦国時代、滝川一族の出身で荒子城主・前田利久の養子となった前田利益の通称。藩祖・利家は叔父。利益以外にも利貞、利太など、様々な名前が伝えられている。虚実入り混じった多くのエピソードにより、「天下のかぶき者」と言われる一方で、高い文化的教養を備えていたようだ。

答 12

③ 麻阿

醍醐の花見は、1598(慶長3)年春、豊臣秀吉がその最晩年に、京都の醍醐寺三宝院の山麓において催した大規模な花見の宴。豊臣秀頼、北政所、淀殿ら近親者をはじめ、諸大名からその配下の女房女中衆約1300人を召し従えたので、北野大茶湯と双璧をなす秀吉一世一代の催しとして知られる。

問13

城下町金沢の防御を固めるため、２代藩主利長は、客将高山右近に命じて、(　　)をつくらせたと伝えられている。

① 外惣構 <small>そうがまえ</small> 　② 内惣構

③ 天守閣 　④ 高石垣

問14

２代藩主利長は、領内の村の支配を円滑に行うため、1604(慶長９)年、十数ヵ村ごとに、有力な農民を(　　)に任命し、徴税、治安維持、新田開発、災害復興などを行うときの地元の責任者にした。

① 惣庄屋 　② 惣年寄

③ 大肝煎 <small>おおきもいり</small> 　④ 十村肝煎 <small>とむら</small>

問15

(　　)の戦いで、２代藩主利長の軍勢の最後尾(しんがり)を務めていたのは長連龍の軍勢である。 <small>つらたつ</small>

① 浅井 畷 <small>なわて</small> 　② 手取川

③ 根上浜 　④ 安宅浜

問16

３代藩主利常に幼くして嫁いだ珠姫は、(　　)の姉である。 <small>たまひめ</small>

① 徳川家光 　② 徳川秀忠

③ 徳川光圀 <small>みつくに</small> 　④ 徳川綱吉

答
13

② 内惣構

惣構は、城下を「堀」と、城側に土を盛り上げた「土居」とで二重に囲んだ防御施設である。土居の内側には、兵が素早く移動できるように「内道」と呼ばれる道が張り巡らされた。金沢城下では1599（慶長4）年、利長が高山右近に命じ内惣構を造り、1610年には利常が篠原一孝に命じ外惣構を造った。

答
14

④ 十村肝煎

加賀藩の村支配は藩祖利家の、在地の有力な百姓に扶持を与え、在地支配の先兵としたことに始まる。2代利長はそうした扶持百姓を基礎に、1604（慶長9）年、1村の村役人である肝煎の上に立ち、10カ村程度を束ねる村役人「十村肝煎」を置く十村制度を創設した。

答
15

① 浅井畷

浅井畷の戦いは、1600（慶長5）年に現在の小松市大領町近辺で起こった前田利長（東軍）と丹羽長重（西軍）が対立した「北陸での関ケ原合戦」。関ケ原合戦より1カ月早く戦端が開かれたので、関ケ原合戦の事実上の前哨戦となった。東軍勝利とも東西軍痛み分けともいわれた。

答
16

① 徳川家光

3代藩主利常の正室珠姫は、2代将軍秀忠の次女で3代将軍家光の姉。利常は1605（慶長10）年、徳川家康の後見により元服し、13歳で3代藩主に就いた。利常は藩祖利家と側室寿福院との間に生まれたが、子のいない長兄利長の養子となり、利光と改め、珠姫を迎えた。

問17

3代藩主利常の夫人珠姫が金沢に輿入れした折、随従してきた家臣たちが居住した地域は（　　）と呼ばれた。

① 姫町　　② 御前様町

③ 江戸町　　④ 小姓町

問18

利常の娘富姫が八条宮智忠親王の妃となったことで、前田家は京都の（　　）造営に深くかかわった。

① 金閣寺　　② 二条城

③ 御所　　④ 桂離宮

問19

利常の娘満姫は、3代将軍徳川家光の養女となった後、（　　）に嫁いで広島御前と称された。

① 浅野光晟　　② 池田輝政

③ 毛利秀就　　④ 鍋島勝茂

問20

利常は、4代藩主光高が亡くなった後、幼い綱紀を5代藩主に就かせて後見し、（　　）と呼ばれる藩政改革を行った。

① 農政法　　② 繁農法

③ 改作法　　④ 善農法

答
17

③ 江戸町

正室珠姫は1600(慶長5)年、利常と婚約し、翌年、3歳で金沢に輿入れした。輿入れの道中は7月1日から3カ月を要し、姫付き家老の興津忠治はじめ数百人がこれに従った。徳川家から随行した家臣たちは、金沢城外、現在の兼六園の茶屋が並ぶ付近に屋敷を与えられた。一帯は江戸町と呼ばれた。

答
18

④ 桂離宮

京都の桂離宮は、後陽成天皇の弟である八条宮智仁親王が造営に着手し、2代智忠親王の時にほぼ完成した。この智忠親王のもとに嫁いだのが利常の四女・富姫であった。経済力に乏しかった当時の宮家に代わり、利常は資金援助を惜しまず、最高の素材や人材を用いるよう助言し、造営に尽力した。

答
19

① 浅野光晟

満姫は3代将軍徳川家光の養女となり、広島藩主浅野光晟の正室となり、「加賀御前」の異名があった。幼少時から祖母の寿福院の影響を受け、熱心な法華宗信者となり、広島市の国前寺などに、その証左といえる遺品が残っている。聡明で男勝りな性格だったと伝えられる。

答
20

③ 改作法

利常は1639(寛永16)年、家督を嫡男光高に譲り、小松に隠居した。しかし、光高が31歳で死去したため、孫の綱紀を5代藩主に立て、後見役として藩政を指導した。1651(慶安4)年からは改作法と呼ばれる農政改革を進め、藩財政の強化に乗り出した。改作法では、貧農の救済と年貢納入の徹底を定めた。

問21

前田家取り潰しにも発展しかねない「寛永の危機」を救った藩臣は（　　）である。

① 前田長種
② 山崎長門
③ 奥村庸礼
④ 横山大膳

問22

3代藩主利常の命で金沢城の防火用水となった辰巳用水をつくったとされるのは（　　）である。

① 田川次郎右衛門
② 浅野屋佐平
③ 越中屋孫兵衛
④ 板屋兵四郎

問23

3代藩主利常が城下町金沢に整備した3つの寺院群のうち、金沢城の北東（鬼門）に位置するのは、（　　）である。

① 小立野寺院群
② 卯辰山麓寺院群
③ 寺町寺院群
④ 宮腰口寺院群

問24

4代藩主光高の正室大姫は、（　　）の姉である。

① 徳川光圀
② 保科正之
③ 徳川義直
④ 徳川光通

答21 ④ 横山大膳

1631（寛永8）年、前田家謀反（むほん）の噂が江戸から伝わった。これは大火による金沢城の補修や大坂の陣の恩賞を藩士に与えたことなどが、幕府の嫌疑を招いた。利常と光高父子は重臣の横山大膳康玄（やすはる）を伴い上京するもお目通りがかなわず、最後は横山が老中土井利勝に懸命の弁明をしてことなきを得た。

答22 ④ 板屋兵四郎

辰巳用水は金沢城下を焼いた1631（寛永8）年の大火の翌年、3代藩主利常が小松の町人、板屋兵四郎に命じて完成させたと伝わる。上辰巳町の東岩取水口から兼六園までの延長約11㌔のうち、暗渠（あんきょ）や流路変更部分を除いた約8.7㌔が2010（平成22）年に国の史跡に指定された。

答23 ② 卯辰山麓寺院群

3つの寺院群は、「中興の祖」とされる3代利常の、「治にいて乱を忘れぬ」姿勢と、「百万石の城下町づくり構想」の双方が反映されたものとされる。1616（元和2）年に、城下に散在していた寺院を泉野（寺町）と浅野川山際（卯辰山麓）に移せとの法令を出し、17世紀後半にはほぼ形成された。

答24 ① 徳川光圀

光高の正室は3代将軍徳川家光の養女で水戸藩主徳川頼房（よりふさ）の娘・大姫（阿智）。「水戸黄門」で有名な徳川光圀の姉に当たる。保科正之は3代将軍家光の異母弟で、江戸では家光と4代将軍・家綱を補佐し、幕閣に重きを成した。加賀藩では4代光高を補佐した。

問25

4代藩主光高が金沢城北の丸に勧請した東照宮は1878(明治11)年、丸の内に移転し、現在の尾﨑神社となったが、徳川家康、天照大神と(　　)を祭神としている。

① 藩祖利家　　　　② 3代藩主利常

③ 4代藩主光高　　④ 5代藩主綱紀

3

問26

4代藩主光高の元服祝いとして、江戸本郷の加賀藩上屋敷に3代将軍徳川家光を招き催された茶会は3年前から準備を始め、「(　　)の大茶会」と言われた。

① 寛永　　② 正保

③ 慶安　　④ 承応

問27

5代藩主綱紀の最初の夫人、摩須姫の父保科正之は、2代将軍徳川(　　)の子である。

① 家綱　　② 家光

③ 綱吉　　④ 秀忠

問28

歴代の加賀藩主で最も長く生きたのは、次のうち(　　)である。

① 3代利常　　　② 5代綱紀

③ 11代治脩　　④ 13代斉泰

答
25

② 3代藩主利常

東照宮は光高が幕府の許可を受け、1643(寛永20)年に完成した。光高7年間の治世で最大の事業とされる。明治に入り祭神として家康に加え天照大神、利常も祀られ、1874(明治7)年に尾﨑神社と改称、金沢城内に陸軍省の軍隊が駐屯するに及び、1878年に現在の丸の内に移転した。

答
26

① 寛永

寛永の大茶会は3年かけて本郷邸の増改築を重ねて準備した。茶室では千利休愛用の茶杓や高麗茶碗を用意し、書院の棚には大名物富士茄子の茶入れが飾られ、家光を驚かせた。江戸初期最大規模の茶会に続く饗宴の後、能が催され、光高の父利常は「花月」を舞ったと伝えられる。

答
27

④ 秀忠

保科正之は2代将軍徳川秀忠の子で、3代将軍家光の異母弟。高遠(現長野県)藩主保科正光の養子となり、藩主を継いだ後に山形藩主、会津藩主となった。会津では名君の誉れ高く、4代将軍家綱の幕政をサポートしたほか、娘が嫁いだ加賀藩5代藩主綱紀の後見人として加賀藩政も支えた。

答
28

② 5代綱紀

5代綱紀の享年は数え82歳で最長寿。80代は綱紀だけで、以下、13代斉泰で同74歳。70代は斉泰だけ。60代は66歳の3代利常と11代治脩、61歳の利家の3人となっている。最短命は9代重靖で19歳。6代吉徳の子5人のうち、7代宗辰が22歳、8代重煕が25歳で、3人が夭折している。

問 29

「庶物類纂」は、5代藩主綱紀が( )に命じて編纂させた動植鉱物に関する、現代でいう百科全書のような書物である。

① 吉川惟足
② 稲生若水
③ 有馬清純
④ 牧野忠成

問 30

加賀八家をはじめ加賀藩の職制機構が整えられたのは( )が藩主のときである。

① 3代利常
② 4代光高
③ 5代綱紀
④ 6代吉徳

問 31

5代藩主綱紀に召し抱えられた儒者木下順庵の弟子の中で、前田家に仕えたのは( )である。

① 雨森芳洲
② 室鳩巣
③ 榊原篁洲
④ 新井白石

問 32

6代藩主吉徳の御居間坊主だった大槻伝蔵は、昇る日の勢いで出世したが、吉徳の死後、( )らの追及を受けて失脚した。

① 前田直躬
② 前田直之
③ 前田知頼
④ 前田知久

答 29

② 稲生若水

学問好きの綱紀は、著名な学者を江戸から加賀藩に招き、藩臣らに学問を奨励した。その招へいの代表的な１人が儒者木下順庵である。京都生まれの順庵は1664(寛文４)年に加賀藩に召し出され、江戸の学者らを次々紹介。本草学(薬物学)の集大成を目指した稲生若水もその１人。

答 30

③ ５代綱紀

1658(万治元)年、３代利常が死去すると、５代綱紀が職制、職務にかかわる定書を出して、1669(寛文９)年の若年寄をはじめ、新たな職の創設や合理化に取り組んだ。加賀八家は世襲の年寄で、藩の最高意思決定機関として藩主を補佐し、藩政を運営した。

答 31

② 室鳩巣

室鳩巣は1672(寛文12)年、15歳で５代綱紀に仕え、その才能を認められたのがきっかけで、木下順庵の下で学んだ。35歳のとき、武士の教訓となる啓蒙書「明君家訓」を書きあげた。54歳の時に同門新井白石の推挙で幕府の儒官になり、合理的な人材登用を提案するなど享保の改革を補佐した。

答 32

① 前田直躬

大槻伝蔵(朝元)は吉徳の御居間坊主として仕えた。吉徳は大槻を寵愛し登用して、人持組3000石の高禄を与えた。しかし、大槻は吉徳死去に伴い失脚し、前田直躬らが大槻を追及するなどして越中五箇山に流罪となり、「加賀騒動」に発展する藩主毒殺未遂事件への関与が疑われる中、自害した。

問33

6代藩主吉徳には藩主になった男子が5人いた。7代藩主は数え年22歳で早世した(　　)である。

① 重熙 (しげひろ)　② 重靖 (しげのぶ)

③ 重教 (しげみち)　④ 宗辰 (むねとき)

問34

金沢城下で発生した火災のうち、藩政期最大の被害に見舞われた宝暦の大火は、銀札を発行して物価高騰を招いた藩主(　　)の治世にあった出来事である。

① 前田重教 (しげみち)　② 前田重熙 (しげひろ)

③ 前田治脩 (はるなが)　④ 前田吉徳 (よしのり)

問35

10代藩主重教の隠居騒動の後、還俗 (げんぞく) して藩主となったのは(　　)である。

① 前田宗辰 (むねとき)　② 前田治脩 (はるなが)

③ 前田重靖 (しげのぶ)　④ 前田重熙 (しげひろ)

問36

加賀藩の藩校「明倫堂」の最初の学頭に任命された儒者は(　　)である。

① 新井白蛾 (はくが)　② 新井白石

③ 室鳩巣 (むろきゅうそう)　④ 木下順庵

答33

④ 宗辰

7代は側室・以与(浄珠院)との間に生まれた宗辰、8代は同・民(心鏡院)との間に生まれた重煕、9代は同・縫(善良院)との間に生まれた重靖、10代は同・流瀬との間に生まれた重教、11代は同・夏(寿清院)との間に生まれた治脩である。吉徳の正室(徳川綱誠の娘)光現院は20代で早世した。

答34

① 前田重教

1754(宝暦4)年、14歳で家督を継いだ10代重教は17年間、藩主を務めた。それまでの藩主の相次ぐ死去で出費がかさみ、逼迫する藩財政に拍車をかけ、対策として銀札を発行したが、かえって物価高騰を招き、1年の短命に終わった。さらに1759年には藩政時代最大規模の宝暦の大火に遭った。

答35

② 前田治脩

11代治脩は6代吉徳の十男で幼い頃、高岡・伏木の勝興寺の僧侶となったが、隠居を望んだ10代重教の命に従い還俗し、1771(明和8)年に、11代藩主に就いた。正室は大聖寺藩主前田利道の娘である正姫。支藩から正室が嫁いだのは歴代藩主の中でただ一人である。

答36

① 新井白蛾

明倫堂は、藩士の子弟を対象にした藩営の教育機関である藩校として設立された。掲げた理念は士農工商の四民を教え導き、ともに学ぶという意味の「四民教導」であったが庶民への門戸開放は1868(明治元)年となった。初代学頭に任命されたのは新井白蛾という儒学者で治脩の学問の師である侍講も務めた。

問37

12代藩主斉広は、隠居所である竹沢御殿で新しい産業の育成も試み、幕府から拝領した家畜の（　　）を飼育した。

① 牛　　② 羊　　③ 豚　　④ 鶏

問38

寺島 蔵 人は、斉広の代に藩政改革を主導したが、13代斉泰の治世下、罪を問われ、（　　）に流刑に処された。

① 能登島　　② 五箇山
③ 舳倉島　　④ 白山麓

問39

江戸後期の加賀藩産物方政策には、本多利明や（　　）の来藩が大きく影響した。

① 二宮尊徳　　② 海保青陵
③ 宮崎安貞　　④ 木下順庵

問40

1858（安政5）年、米の値上がり、生活苦にあえいだ民衆が、金沢城に向かって「ひだるいわいやー」などと叫んだとされる「安政の（　　）」の舞台は卯辰山である。

① 飢餓一揆　　② 泣き一揆
③ 絶叫一揆　　④ 叫び一揆

答37

② 羊

1822（文政5）年、斉広は家督を長男の斉泰に譲り、現在の兼六園の霞ケ池横に、広大な竹沢御殿を造営して隠居所とした。若い藩主である斉泰を補佐するため、1824年、竹沢御殿に 教 諭方を設置し、藩士に対し風紀を取り締まった。一方、産業育成も試み、将軍から拝領した家畜の羊を飼育した。

答38

① 能登島

蔵人は禄高450石で前田家に仕え、15歳で藩校明倫堂の学校読師となる秀才で、12代斉広の覚えめでたく改作奉行など主に農政、財政方面の実務を歴任した。しかし、斉広没後は加賀八家が藩政の主導権を握り、年寄の奥村栄実によって次第に遠ざけられ、1837年、罷免の上、能登島に配流された。

答39

② 海保青陵

加賀藩産物方は、12代藩主斉広が藩財政立て直しのために、重商主義を説く経世家・海保青陵の影響を受けた村井長世に特産物奨励を期して、復活させた。一方で、1819（文政2）年、贅沢にふけっているなどの理由で加越能の十村28人を投獄するなど、ほぼ半数の十村を処罰する十村断獄を行った。

答40

② 泣き一揆

1858（安政5）年7月11日夜、米価の高騰などで困窮していた金沢東北部の人たちが卯辰山に登り、金沢城に向かって「ひだるいわいや」「米くれまんや」などと大声で泣き叫んだ。これは城内の13代斉泰の耳にも届き、首謀者7人のうち2人は牢死、5人が刑死した。

問41

13代藩主斉泰に嫁いだ11代将軍徳川家斉の娘
（　　）を迎えるためにつくられた御守殿門が現在
の東京大学の赤門である。

① 松姫　　② 芳姫

③ 摩須姫　④ 溶姫

問42

幕末の加賀藩で綱紀粛正、緊縮財政を進めた長連
弘らを中心とする藩政改革派の結社は（　　）と呼ば
れた。

① 天狗党　　② 黒羽織党

③ 実学党　　④ 勤皇党

問43

1864（元治元）年の禁門の変に際して生じた加賀
藩の責任を負い、自刃させられた勤皇派の家老は
（　　）である。

① 奥村栄通　　② 不破富太郎

③ 松平大弐　　④ 山崎庄兵衛

問44

1866（慶応2）年4月に14代藩主となった慶寧は
自藩の富国強兵策に乗り出し、その一環として翌
年から（　　）開拓に取り組んだ。

① 卯辰山　　② 医王山

③ 戸室山　　④ 宝達山

答 41

④ 溶姫

斉泰の正室になった溶姫は、11代将軍徳川家斉の娘で、1823（文政6）年に斉泰との縁組が発表された。当時、三位以上の大名が将軍家から妻を迎える際に、朱塗りの門を創建した慣例に従い、加賀藩は本郷の江戸上屋敷に門を建造した。大名家に嫁した将軍家の子女が居住する奥御殿を御守殿といった。

答 42

② 黒羽織党

黒羽織党は、藩政末期に、加賀藩の藩政改革を主導した長連弘を中心とした党派。実学志向の儒学者上田作之丞の教えを信奉した集団。党名の由来は、党員が仲間内で会合する際、常に黒羽織を着ていたためとも、「黒羽織」がフグを意味し、その毒のように人々を害していたためともされる。

答 43

③ 松平大弐

14代藩主慶寧は、13代斉泰が朝廷から求められた上洛を辞退したのを受け、京に上り建仁寺に本陣を置くも、今度は幕府側から京都御所警護を命じられた。慶寧は長州藩と幕府側との仲介に動いたが、禁門の変を受けて長州藩との対立を避け、近江今津に退避、その責任を負わされて家臣とも厳罰に処された。

答 44

① 卯辰山

1867（慶応3）年に着手した事業内容は、病人の施療を行う養生所や撫育所を設置する社会福祉事業、繊維、製紙、製陶、金工などの工場や店舗を誘致する産業振興事業、芝居、料亭、茶店など娯楽・飲食施設の開設事業などで、藩営の卯辰山総合開発だった。養生所の棟取には津田淳三、田中信吾が就いた。

問45

藩政期を通じて金沢城内になかったのは（　　）間長屋である。

① 三十　　② 四十

③ 八十　　④ 九十

問46

幕末から明治にかけて前田家では、藩主あるいは当主へ九州の大名家や旧大名家から輿入れが相次いだが、そうでないのは（　　）である。

① 14代慶寧（よしやす）　② 15代利嗣（としつぐ）

③ 16代利為（としなり）　④ 17代利建（としたつ）

問47

明治の廃藩により、一挙にさびれた金沢の復興のために、殖産興業が叫ばれ1874（明治7）年6月に金沢大博覧会が成巽閣と（　　）で開かれた。

① 西別院　　② 東別院

③ 兼六園　　④ 金沢城跡

問48

1872（明治5）年、県庁を金沢から美川へ移転させた内田政風は、（　　）出身の士族であった。

① 土佐　　② 長門

③ 肥前　　④ 薩摩

答 45

③ 八十

長屋は主に武具甲冑などの収蔵庫の役割を果たした。有事に銃眼から鉄砲を出して敵を撃破する防御の役割も果たした。三十間長屋は重文、四十間長屋は現存せず、五十間長屋は「平成の復元」で復元された。九十間長屋は陸軍九師団が入っていた頃あったが現存しない。七十間長屋は金谷御殿にあった。

答 46

③ 16代利為

最後の藩主慶寧へ、九州・久留米の有馬家から崇姫が輿入れしたのを皮切りに、近代前田家の15代当主利嗣には肥前鍋島家から侯爵直大の娘の朗子が嫁いだ。利嗣と朗子との間の長女渼子には七日市藩前田家から利為が養子となって結婚、17代当主の利建には福岡の旧大名家黒田家から政子が嫁いだ。

答 47

② 東別院

金沢大博覧会は30日の会期中、入場者は7万2千人を数えた。会場には藩政期、城下町金沢で盛んに作られた伝統工芸品などを展示し、大きな金のシャチホコがお目見えし、観客の目を引いた。この後、1932(昭和7)年には、「産業と観光大博覧会」が開催されている。

答 48

④ 薩摩

1871(明治4)年7月の廃藩置県では、旧藩領域を県域、旧藩名を県名としたため、加越能にまたがる金沢県が成立。以降、金沢県の領域が数カ月で拡大、縮小を繰り返した。1872年4月、薩摩出身の士族、金沢県大参事内田政風は、県庁を手取川河口の美川に移した。

石川県から開拓のため北海道に渡った旧加賀藩士たちは現岩内郡共和町に前田村を「開村」し、金沢から（　）神社を分霊し、前田神社を建立した。

① 尾山　　② 尾﨑

③ 宇多須　　④ 神明宮

旧金沢城の敷地は、明治以降は陸軍の拠点、太平洋戦争後は金沢大学の敷地となり、多くの建造物がつくられたが、陸軍時代の遺構として、現在も金沢城公園内に残っているのは、（　）である。

① 第九師団司令部庁舎　　② 第七連隊司令部庁舎

③ 近衛師団司令部庁舎　　④ 第六旅団司令部庁舎

1887（明治20）年、広坂に創設された、第四高等中学校の初代校長は（　）である。

① 溝渕進馬　　② 伊藤武雄

③ 柏田盛文　　④ 北条時敬

北陸線は1898（明治31）4月に（　）―金沢間、同年11月に金沢―高岡間が開通した。

① 福井　　② 大聖寺

③ 小松　　④ 美川

答 49

① 尾山

廃藩置県に伴い、旧加賀藩の士族たちの授産事業の一環として、金沢市内に製糸場や撚糸会社が設立された。一方で、県外とりわけ北海道開拓に目を向け、前田家15代当主利嗣の奨励もあって、多くの士族たちが渡道し、函館や札幌、小樽、留萌などの周辺に移住して、開墾に精を出した。

答 50

④ 第六旅団司令部庁舎

維新後、金沢城跡に名古屋鎮台の分営が置かれ、1875(明治8)年には歩兵第7連隊と改称した。そして日清戦争後、国の軍備拡張に伴い、第九師団が創設される。これにより旧城内には、九師団および第六旅団司令部と第七連隊が設置されたが、戦後、第九師団と七連隊の司令部庁舎は撤去された。

答 51

③ 柏田盛文

学都金沢のシンボル「四高」の前身である「第四高等中学校」は、初代文部大臣森有礼の「中学校令」の構想の下で、1887(明治20)年4月、文部省告示で金沢に設置されることが決まった。初代校長に柏田盛文を迎え開校、94年に「第四高等学校」と名称を変え戦後の1948年に閉校となった。

答 52

③ 小松

1892(明治25)年、福井県から敷設が始まった北陸線は98年金沢駅が開業し金沢へ、さらに翌年、富山駅ができて富山へと伸び、北陸3県の悲願がかなった。金沢駅の位置は市会の中で議論があったが、1896(明治29)年には、現在地の木ノ新保7番丁に決定し、市中心部へ道路が整備された。

加賀藩年寄を務めた横山隆興は、明治維新の後、大きな事業に投資した。その事業とは（　　）である。

① 鉱山業　　② 鉄道業

③ 紡績業　　④ 銀行業

1900（明治33）年、金沢に初めて電灯をともしたのは（　　）から供給された電気であった。

① 手取川河内発電所　　② 犀川辰巳発電所

③ 犀川末発電所　　　　④ 犀川上寺津発電所

大正デモクラシー期の石川県を代表する金沢出身の政治家で、「来たり、見たり、敗れたり」の名演説で知られるのは（　　）である。

① 中橋徳五郎　　② 永井柳太郎
③ 桐生悠々　　　④ 三宅雪嶺

米価高騰に抵抗して民衆が立ち上がり廉売を要求した米騒動は、金沢では1918（大正7）年に起こり、（　　）が参集の拠点となった。

① 宇多須神社　　② 久保市乙剣宮

③ 小坂神社　　　④ 市姫神社

答 53

① 鉱山業

藩政期、「加賀八家」と呼ばれた藩年寄衆のうち、明治の金沢を実業面から支えたのが横山家であった。横山隆興は1880（明治13）年に宗家当主隆平とともに小松の尾小屋鉱山の経営に参加。1904年に各地の鉱山を合併し金沢に「横山鉱業部」を設立、「北陸の鉱山王」の名をほしいままにした。

答 54

② 犀川辰巳発電所

金沢市は市制施行以来初めての市営電気事業を計画したものの、市債募集の困難などからこれを断念。代わって1899（明治32）年、資本金25万円で金沢電気株式会社が設立され、翌年に犀川辰巳発電所を建設、ここから金沢に電気が供給され、初めて電灯がともった。

答 55

② 永井柳太郎

永井は金沢市中主馬町（現・菊川）出身、早稲田大教授を務めた後、政治家に転身した。1917（大正6）年、初めて衆院選に出馬し、相手の中橋徳五郎に敗れ、兼六公園（現・兼六園）で行われた落選感謝演説で大衆を前に名演説をぶち、1929年の選挙では当選して、「普選の旗手」となる。

答 56

① 宇多須神社

1918（大正7）年の金沢米騒動は浅野川右岸の東山から北の地域が発火点となり、主に米価高騰で困窮する箔打ち職人らが現在の東山1丁目にある宇多須神社に参集した。8月12、13日に市内各地の米穀商、富豪宅、知事官舎などに押しかけ、米の廉売を要求した。

問 57

「大金沢論」を主張し、金沢市の第2次市域拡大を行った中心人物は(　　)市長である。

① 吉川一太郎　　② 山森隆

③ 相良 歩
　　さがら あゆみ

④ 片岡安
　　かたおか やすし

問 58

第2回国民体育大会秋季大会が、1947(昭和22)年金沢市などで開催された。そのときに採用された大会歌は(　　)である。

① いしかわ讃歌　　② 若い力

③ 国体讃歌　　④ みなぎる力

問 59

戦前の1938(昭和13)年、河北潟南部の浅野川右岸河口部(現・東 蚊爪町)の広大な敷地に、「愛国(　　)」
　　　　　　　　　ひがしかがつめ
が造成された。

① 河北潟飛行場　　② 川北飛行場

③ 金沢飛行場　　④ 湖南飛行場

問 60

金沢城跡をメインキャンパスとする新制大学として1949(昭和24)年、誕生した金沢大学はドイツの(　　)大学とともに、「世界に2つしかないお城の中の大学」とうたわれた。

① ボン　　② ミュンヘン

③ ニュルンベルク　　④ ハイデルベルク

答57

④ 片岡安

片岡安は1922(大正11)年竣工の旧金沢市庁舎を設計した建築家である。同時に、都市計画法制定にも尽力した都市政策の専門家でもあった。片岡の狙いは、市域拡大による行政区画の統一により、道路網を整備、金沢港の建設を実現し、工場誘致を進め、金沢の産業発展を目指すものであった。

答58

② 若い力

1947(昭和22)年8月22日、金沢市などで開催された石川国体は、松任町の水泳プールで開会式が行われ、全国から1200余人の若者が参加した。戦後第2回から国体への昭和天皇の行幸が始まり、大会シンボルの聖火マークと大会歌「若い力」が採用された。

答59

③ 金沢飛行場

河北潟は、干拓する前、広大な潟で、蓮湖と呼ばれ、淡水魚漁業が盛んで、周辺部は豊沃な水田が広がっていた。その一角、旧川北村(現・東蚊爪町)の約40㌶を造成し、「愛国金沢飛行場」と名付け、金沢―東京間を約4時間で行き来した。約80年を経た今、その名残とされる「飛行橋」が大宮川に架かっている。

答60

④ ハイデルベルク

金沢大学の前身・旧制第四高等学校は金沢・広坂にあったが、ここが新制金沢大のキャンパスとはならず、第九師団などの駐屯地だった金沢城跡がメインキャンパスとなった。ドイツのハイデルベルク大学とともに「お城の中の大学」とうたわれたが、1994(平成6)年、角間キャンパスに総合移転した。

問 61

1947(昭和22)年4月、金沢市初の公選市長として
選ばれた(　)は、48年に市警察局を設置すると
ともに、市民から選任された公安委員会を設けた。
さらに52年には公選制の教育委員会を創設した。

① 武谷甚太郎　　② 土井登

③ 井村重雄　　④ 徳田與吉郎

問 62

1963(昭和38)年1月、日本海側の各地を襲った豪
雪は、石川県にも容赦なく降り積もり、金沢市では
136ゼにも達した雪の重みで(　)のアーケードの
一部が約50ﾒﾄﾙにわたり倒壊した。

① 横安江町商店街　　② 竪町商店街

③ 新竪町商店街　　④ 別院通り商店街

問 63

金沢市は、海外7都市と姉妹都市提携を結んでいる
が、提携時期が最も古いのは(　)である。

① 蘇州　　② ポルト・アレグレ

③ イルクーツク　　④ バッファロー

 問 64

1978(昭和53)年10月に始まった金沢市の「名誉
市民」で第1回受賞者の3人でないのは(　)であ
る。

① 林屋亀次郎　　② 谷口吉郎

③ 高光一也　　④ 松田権六

答 61

③ 井村重雄

井村は医師の出身で、金沢市議を経て市長の座についた。戦後まもなく、日本を統治するGHQは軍国主義への決別を強力に掲げ、それに従い井村は市警察局、市公安委員会を設けた。さらに教育委員会を創設して、教育の民主化を推進。戦後復興が進む中、引揚者らの安定を図り、平和町住宅を整備した。

答 62

① 横安江町商店街

雪国金沢でも未曽有の大豪雪となった「昭和38年1月豪雪」(通称サンパチ豪雪)。その雪の重みで設置から4年後に一部倒壊したのが横安江町商店街のアーケードである。その後、修復されたが、46年にわたり町のシンボルだったアーケードも撤去。2006(平成18)年、新街路「金澤表参道」が整備された。

答 63

④ バッファロー

金沢市の姉妹都市は1962(昭和37)年の米国バッファロー市が始まり。1967年3月にはロシアのイルクーツク市及びブラジル・ポルト・アレグレ市、71年にベルギーのゲント市、73年にフランスのナンシー市、81年に中国の蘇州市、そして2002(平成14)年に韓国の全州市と提携した。

答 64

③ 高光一也

金沢市名誉市民は、市民または市に特に関係が深い人で、公共福祉の増進または学術、技芸など広く社会文化の進展に寄与し、郷土の誇りとして市民から尊敬されている人に贈られる。1974(昭和49)年に施行された金沢市名誉市民条例に基づくもので、2020年5月現在、14人が登録されている。

問 1

金沢城公園の五十間長屋に連なる櫓は、橋爪門続櫓と、高さ17㍍を誇る( )の二つがあり、いずれも2001（平成13）年に復元された。

① 雪見櫓 ② 辰巳櫓

③ 菱櫓 ④ 三階櫓

問 2

藩政時代の前田家の生活空間を今に伝える、国指定重要文化財の( )の敷地には、国指定名勝となっている庭園「飛鶴庭」がある。

① 時雨亭 ② 成巽閣

③ 松風閣 ④ 城南荘

問 3

金沢城公園のある場所は、明治後期から太平洋戦争直後までの間、( )の敷地だった。

① 陸軍第九師団 ② 旧制第四高等学校

③ 石川護国神社 ④ 金沢煙草製造所

問 4

金沢城公園内に残る藩政期の建物のうち、( )は主に武具を納めた土蔵であった。

① 三十間長屋 ② 五十間長屋

③ 菱櫓 ④ 鶴丸倉庫

答
1

③ 菱櫓

菱櫓の平面は菱形(内角が80度と100度)になっている。死角を少なくし、石川門や河北門、尾坂門・新丸を見張る物見櫓として重要な役割を担っていたとされる。約120年ぶりに復元した建物に使用された100本の柱も菱形に加工されており、高度な技を要した。

答
2

② 成巽閣

飛鶴庭は書院と茶室、水屋から成る清香軒(せいこうけん)に面する成巽閣の主庭で、水流を有する平庭の優れた事例として1929(昭和4)年に国の名勝に指定された。県指定名勝の中庭は廊下の縁先に面する「つくしの縁庭園」と「万年青(おもと)の縁庭園」があり、遣水(やりみず)が庭の中央をゆったりと流れる観賞式書院庭園。

答
3

① 陸軍第九師団

第九師団司令部は日清戦争が終わって間もない1898(明治31)年、金沢城内の二の丸御殿跡に置かれた。師団とは戦争するための遂行能力を保有する最小単位で、その下に旅団、連隊がある。東京の第一師団に始まり、日露戦争に向けて第2段階として設置されたのが金沢の第九師団などである。

答
4

④ 鶴丸倉庫

鶴丸倉庫は、かつて金沢城内の東ノ丸附段(つけだん)にあった。明治以降に軍隊が建てたとみられていたが、城内を描いた絵図や文献史料から1848(嘉永元)年の竣工と判明した。総二階建ての土蔵造りで、成巽閣の土蔵などと同じく外壁の腰部は石貼(ば)りとなっている。石川門、三十間長屋とともに国指定重要文化財。

1759（宝暦9）年に発生した城下町金沢の大火で、金沢城内の多くの建物が類焼したが、（　）などは地形や風向きにより焼失を免れた。

① 二の丸御殿　　② 東照宮

③ 石川門　　　　④ 作事所

1999（平成11）年に町名が復活した主計町にゆかりのある富田主計とは、（　）で戦功のあった人物として知られている。

① 桶狭間の戦い　　② 関ヶ原の戦い

③ 大坂の陣　　　　④ 戊辰戦争

60

現在、丸の内にある尾﨑神社は、1878（明治11）年まで金沢城内の（　）にあり、御宮（金沢東照宮）などと呼ばれていた。

① 鶴の丸　　② 東の丸

③ 北の丸　　④ 薪の丸

13代藩主斉泰が、兼六園の霞ケ池を広げて作庭した際、池から掘り揚げた土を園内で再利用し、（　）を築いたとされている。

① 山崎山　　② 栄螺山

③ 七福神山　④ 鳳凰山

答
5

② 東照宮

大火は1759年4月10日午後、泉野寺町の舜昌寺(しゅんじょう)から出火。城内の大半を焼失し、鎮火したのは翌日午前とされる。しかし、北の丸にあった東照宮(現・尾崎神社)や玉泉院丸(かなやでまる)、金谷出丸などは類焼を免れた。金沢城代の前田孝昌(たかまさ)は責任を取って辞意を表明したが、10代藩主重教(しげみち)に慰留された。

答
6

③ 大坂の陣

主計町の町名の由来とされる富田主計屋敷の主計(しげいえ)は、富田主計重家を指すと考えられるが、重家屋敷の故地を特定するのは難しい。重家は1万余の禄(ろく)を受け、大坂冬・夏の陣で手柄を挙げたが、1618(元和4)年、24歳で没している。屋敷の存続期間も短かったと考えられる。

答
7

③ 北の丸

加賀藩4代藩主光高は幕府から東照宮造営の許可を得て、1643(寛永20)年に金沢城北の丸の南半分を占めた御宮に、華麗な本殿や唐門などが建ち並ぶ東照宮を完成させた。城を襲った3度の大火にも焼けることなく残り、明治に入ると尾崎神社や長田菅原神社(長田1丁目)にそれぞれ移築された。

答
8

② 栄螺山

高さ9㍍の築山の頂上に登る道が渦を巻き、栄螺の殻を思わせることからこの名が付いた。頂(いただき)には、避雨亭(ひうてい)と、青戸室石と赤戸室石を組み合わせた三重宝塔がある。三重の石塔は、12代藩主斉広の夫人真龍院(りゅういん)(なりなが)が、江戸から金沢に移住して間もなく建設された斉広の供養塔である。

問9

兼六園の雪づりは毎年11月1日、(　　)から作業が始まる。

① 根上松（ねあがりのまつ）　　② 夫婦松

③ 姫小松　　④ 唐崎松（からさきのまつ）

問10

兼六園にある(　　)像の礎石には、ヘビとカエルとナメクジに見立てられた石があるとされ、それらが互いににらみ合い「三すくみ」の状態にあるので崩れないといわれている。

① 大国主命（おおくにぬしのみこと）　　② 日本武尊（やまとたけるのみこと）

③ 素戔男尊（すさのおのみこと）　　④ 伊邪那岐命（いざなぎのみこと）

問11

兼六園の池でも最も古いといわれる瓢池（ひさごいけ）には、亀島と(　　)の2つの島がある。

① 鶺鴒島（せきれい）　　② 蓬莱島（ほうらい）

③ 江戸島　　④ 岩島

問12

兼六園の松濤坂（しょうとう）を上ると、左手に一面コケで覆われ、カシの古木がそびえる(　　)跡がある。

① 時雨亭　　② 内橋亭

③ 夕顔亭　　④ 舟の御亭（おちん）

④ 唐崎松

　雪の重みで枝が折れるのを防ぐ雪づり作業は兼六園の冬の風物詩。天候不順で足場の危険性がある場合などを除き、13代藩主斉泰のお手植えと伝わる唐崎松から始められる。唐崎松は、斉泰が琵琶湖畔の松の名所「唐崎」から種子を取り寄せて育てたといわれる。

② 日本武尊

　1880（明治13）年、西南戦争での石川県兵士の戦没者を慰霊した「明治紀念之標」として日本武尊の銅像がつくられた。石垣の上部左に小さなツノがあるように見えるのがナメクジ、上部の右に口を一文字に結んだように映るのがヘビ、下部の左に見えるのがカエルとされる。

63

④ 岩島

　瓢池は、5代藩主綱紀の蓮池庭（れんちてい）の作庭時に造られ、現在の兼六園の始まりともなる池である。兼六園西端に位置し、名は瓢箪（ひょうたん）の形に似ているところから付けられた。岩島の護岸には蓬莱石（ほうらい）が使われている。現在、夕顔亭側と陸続きとなっている部分もかつては島で、三島からなっていたといわれる。

① 時雨亭

　時雨亭跡は、もと蓮池亭の上屋敷があった所で、5代藩主綱紀が政務を執った。跡地に6代藩主吉徳（よしのり）が1726（享保11）年頃に規模を小さくして蓮池御亭の改修を行った。時雨亭は廃藩後、撤去されたが、2000（平成12）年3月、場所を変えて千歳台の長谷池横に当時の資料を基に再現された。

問13

兼六園内にある旧津田玄蕃邸は現在、石川県金沢城・兼六園管理事務所分室として使われているが、もとは（　　）に建てられていた。

① 広坂　　　② 本多町

③ 大手町　　④ 長町

問14

兼六園の曲水に架けられている橋のうち、木製の橋は（　　）である。

① 虹橋（琴橋）　　② 千歳橋

③ 雪見橋　　　　④ 花見橋

問15

成巽閣の煎茶席「三華亭」は、前田（　　）が江戸本郷の藩邸内に建てたもので、明治以後、東京の根岸、本郷、駒場と移築を繰り返し、戦後金沢に移された。

① 治脩（はるなが）　　② 斉広（なりなが）

③ 綱紀（つなのり）　　④ 斉泰（なりやす）

問16

中国南宋の画僧、玉澗（ぎょくかん）の画風を取り入れた玉澗様式の庭園は（　　）である。

① 尾山神社庭園　　② 心蓮社庭園（しんれんしゃ）

③ 西田家庭園　　　④ 兼六園

答
13

③ 大手町

　津田玄蕃家は加賀藩人持組に属する藩士家。屋敷は当初、金沢城内新丸にあり、その後、尾坂門下(大手町)に移った。1870(明治3)年、金沢大学医学類(医学部)の前身である金沢医学館として使われ、1923(大正12)年に兼六園に移され、県文化財に指定されている。

答
14

④ 花見橋

　花見橋は千歳台の成巽閣寄りの曲水に架かる擬宝珠欄干のある木橋で、橋から見る季節の花の眺めが素晴らしいことから、この名が付いた。穏やかに流れる曲水に沿って桜やカキツバタ、サツキ、ツツジなどが咲き誇る。虹橋は赤戸室石、千歳橋は越前石、雪見橋は青戸室石からできている。

答
15

④ 斉泰

　13代藩主斉泰が嘉永年間(1848−54)に江戸本郷の藩邸内に造った三華亭煎茶室は1871(明治4)年頃、新たに江戸根岸にできた藩主住居内に移されたと考えられるが異説もある。その後も移築を重ね、戦後に進駐軍が接収した際に解体されたが、1949(昭和24)年、金沢で再建された。

答
16

③ 西田家庭園

　西田家庭園は兼六園の樹林を背景に、灑雪亭露地と玉泉園からなる池泉回遊式庭園。加賀藩士脇田直賢が着工し、4代で完成。下段の玉泉園は「水」字形の池泉を中心に、広間の前庭として書院庭園の手法もとられる。主庭にある茶室「灑雪亭」は儒者・木下順庵が命名したとされる。

問17
1871（明治4）年にお雇い外国人教師として招かれた、ドイツ人鉱山学者のデッケンの洋式居館は、兼六園の（　　）の下に建てられた。

① 栄螺山（さざえ）　　② 山崎山

③ 真弓坂　　④ 広坂

問18
哲学者の西田幾多郎（きたろう）は旧第四高等学校の教授時代、卯辰山にあった（　　）に参禅した。

① 洗心庵（せんしんあん）　　② 寸心庵（すんしん）

③ 骨清窟（こっせいくつ）　　④ 自安堂（じあんどう）

問19
近江町市場では、1885（明治18）年3月に「金沢区魚鳥四十物商組合」が認可された。「四十物」は（　　）と読む。

① そえもの　　② あいもの

③ よつもの　　④ よそもの

問20
ひがし茶屋街にある茶屋建築で、国指定重要文化財の「志摩」は当初（　　）という名前だった。

① 白尾屋　　② 尾張屋

③ 越中屋　　④ 越前屋

答
17

② 山崎山

金沢藩鉱山学所は1870（明治3）年、兼六園に設置された。山崎山の麓に洋館が建造され、教授として招かれたデッケンの居館とされた。翌71年、鉱山学所は廃止となり、デッケンは帰国した。金沢最初の洋館建築は県勧業博物館として残ったが、1908（明治41）年の博物館廃止で解体された。

答
18

① 洗心庵

洗心庵には高岡市の国泰寺から来た雪門玄松という和尚がおり、西田は和尚から頂いた「寸心」という号を生涯にわたり使用した。西田は第四高等学校で倫理学、心理学、ドイツ語を教えるとともに、約9年間、足しげく草庵に参禅し、雪門禅師から教えを受けた。

答
19

② あいもの

19世紀初期の「金沢町絵図名帳」によると、近江町市場が既に「金沢の台所」となっていた。「あいもの」と読む「四十物」は魚の塩もののことで、四十物商や魚鳥商、荷宿（商品の集まる宿）が集まっている様子がうかがえる。 1904（明治37）年には「官許青草辻近江町市場」として認可された。

答
20

③ 越中屋

志摩は戦後の名称であり、1820（文政3）年のひがし茶屋街創立期の建物は「越中屋」、幕末の慶応期には「尾張屋」、明治中期には「白尾屋」、大正・昭和初期には「竹琴」と名前を変えている。正面の意匠は、客座敷として最も主要な空間を確保する、2階の丈が高い典型的な茶屋様式である。

問21

金沢の重伝建地区（重要伝統的建造物群保存地区）」は、「東山ひがし」「主計町（かずえまち）」「卯辰山麓」と、「（　　）」の4地区である。

① 金石・大野　　② 二俣

③ 寺町台　　　④ 天神町

問22

金沢にあった明治期の代表的なレンガ建築である旧日本生命金沢支店は、東京駅と同じく（　　）が設計した。

① 矢橋賢吉　　② 山口半六

③ 辰野金吾　　④ 村野藤吾

問23

2012（平成24）年、国の文化審議会が国史跡辰巳用水に追加指定した（　　）塩硝蔵跡（えんしょうぐらあと）は、加賀藩が黒色火薬を製造した施設である。

① 鈴見　　② 田上

③ 涌波（わくなみ）　　④ 土清水（つっちょうず）

問24

2015（平成27）年に復元された金沢城公園玉泉院丸庭園の見せ場の一つである「色紙短冊積石垣（しきしたんざくづみ）」は、藩政後期の石垣職人である（　　）が命名したとされる。

① 西村太冲（たちゅう）　　② 土屋又三郎

③ 後藤彦三郎　　④ 藤井半知（はんち）

答
21

③ 寺町台

国の重伝建地区制度は保存を通して地区の生活や生業に新たな息吹を呼び込む目的で設けられ、歴史的なまちなみや景観を保つ地区などが選ばれている。金沢では2001（平成13）年に東山ひがし、08（同20）年に主計町、11年（同23）年に卯辰山麓、12（同24）年に寺町台が選定された。

答
22

③ 辰野金吾

近代建築の第一人者と言われた辰野金吾が設計した旧日本生命金沢支店は1916（大正5）年に建てられた。木造レンガ造りのルネッサンス形式で、赤いレンガに白い花崗岩（かこうがん）が入った建物や王冠風の屋根が特徴。1979（昭和54）年に解体されたが、市内で歴史的建造物保存の機運が高まる一因になった。

答
23

④ 土清水

土清水塩硝蔵跡は、加賀藩が辰巳用水の水力を利用して黒色火薬を製造した全国最大級の火薬製造施設。1658（万治元）年から1870（明治3）年ごろまで操業したとみられ、加賀藩領の越中五箇山（ごかやま）で独自製法によって生産した塩硝や越中立山で採取した硫黄（いおう）に、木炭を加えて黒色火薬に加工した。

答
24

③ 後藤彦三郎

石垣職人穴太（あのう）の後藤彦三郎は1808（文化5）年からの金沢城二の丸御殿再建、1819（文政2）年からの竹沢御殿造営などを担当した。寛政地震（1793年）でも傷んだ石川門周辺の高石垣修理などで活躍した。石垣技術を集大成した「唯子一人伝（ゆいしいちにんでん）」を執筆するなど、金沢城石垣技術の再興に尽くした。

問25

武蔵ケ辻の第4地区市街地再開発事業に伴い、
（　）によって保存された1932（昭和7）年建設の
北國銀行の建物は、日本を代表する建築家・村野藤
吾の現存する数少ない初期作品の一つである。

① 耐震補強　　② 建物疎開
③ 部分解体　　④ 曳家工事
_{ひきや}

問26

産業振興を図るため、1872（明治5）年9月に金沢
で初めての展覧会が（　）を会場として開催され
た。

① 石川県勧業試験場　　② 巽御殿
_{たつみ}
③ 天徳院　　　　　　　④ 尾山神社

問27

（　）は、2000（平成12）年、浅野川大橋とともに
国の登録有形文化財になった。

① 梅ノ橋　　② 天神橋
③ 桜橋　　　④ 犀川大橋

問28

現在、西念3丁目にある金沢地方気象台は、かつて
（　）にあった。

① 広坂1丁目　　② 弥生1丁目
③ 有松2丁目　　④ 野町1丁目

答25

④ 曳家工事

北國銀行武蔵ケ辻支店は1932年、同銀行の前身である加能合同銀行本店として建てられ、村野藤吾が設計した大胆なデザインのモダン建築である。2007(平成19)年10月に建物の方向を約8度回転させ、北東方向に最大約20㍍動かす曳家工事が行われ、駅前からの大通りに正対することとなった。

答26

② 巽御殿

明治維新後の経済を回復するためには県内の工芸品の奨励が最も急務ととらえた石川県は1872年、第1回博覧会を兼六園内にある旧加賀藩の巽御殿(後に成巽閣)で開き、主に美術工芸品を陳列した。2年後には石川郡の豪商木谷藤十郎らの組織する博覧会社が成巽閣と東別院を会場に2回目の展覧会を開催した。

答27

④ 犀川大橋

犀川大橋は大正期の市内電車敷設計画などから軌道併用の永久橋が求められ、1919(大正8)年3月に鉄筋コンクリート橋が建設された。しかし、堅牢な橋も3年後の8月に発生した洪水で落橋した。橋脚のない鋼材のワーレントラス橋として24(同13)年7月に復旧・完成したのが現在の犀川大橋である。

答28

② 弥生1丁目

金沢地方気象台は1991(平成3)年までは、弥生1丁目の現・弥生さくら公園にあった。公園内には、かつて開花の標本木だった桜が残っている。なお、92(同4)年から99(同11)年は兼六園の桜、2000年以降は駅西合同庁舎にある現在の気象台の桜が開花の標本木となっている。

問29

金沢市の用水のうち、延長約370㍍の「法師の隧道」と呼ばれるトンネルを経て下流域に水を供給しているのは（　）である。

① 辰巳用水　　② 鞍月用水

③ 寺津用水　　④ 長坂用水

問30

浅野川左岸から取水している唯一の用水で、かつてはその地名から牛坂用水とも呼ばれていたのは（　）である。

① 金浦用水　　② 中島用水

③ 旭用水　　　④ 小橋用水

問31

小立野にあった二十人町は、（　）ことが町名の由来とされる。

① 住民の戸数が 20 軒だった
② 20 軒分の税負担を課せられた
③ 鉄砲足軽 20 人が住んでいた
④ 鷹匠 20 人が住んでいた

問32

金沢の繁華街、香林坊の名は、（　）を商っていた香林坊家があったことにちなむ。

① 胃腸薬　　② 目薬

③ 解毒剤　　④ 下剤

答29

④ 長坂用水

長坂用水は犀川支流の内川から水を引き、泉野台地に水を供給している。加賀藩が野田山山麓の丘陵農地の灌漑（かんがい）を目的に、辰巳用水完成から約40年後の1671（寛文11）年に完成させた。辰巳用水は上辰巳町の犀川上流、鞍月用水は犀川の上菊橋上流、寺津用水は犀川ダムの下流で取水している。

答30

③ 旭用水

小立野台地沿いにある旭用水の延長は約4.1㌔。途中の鶴間坂（たけやぶ）一帯は竹藪や林となっており、藩政期に風雅を好む人たちが集ったといわれ、坂上からの眺望は良かったという。その中腹には昭和中頃まで、清らかな水が湧（わ）く旭清水があり、周辺民家の飲料水として重宝がられていた。

答31

③ 鉄砲足軽20人が住んでいた

二十人町は現在の石引2丁目。町名の由来は、藩政期に足軽組のはじめとされる鉄砲足軽の居住地となっていたことにちなむ。以降、持筒（もちづつ）足軽などの足軽組地となる。当時は「小立野足軽町二十人町」などと呼ばれた。現在の石引4丁目に位置する鷹匠町（たかじょう）には、鷹匠組の居住地と鷹部屋などがあった。

答32

② 目薬

「香林坊」という地名は藩政初期、薬種業を営む向田兵衛（むこうだひょうえ）が、比叡山の僧侶であった香林坊を婿養子に迎えたのが始まりとされる。香林坊は目薬を調合し、加賀藩祖利家に献上したと伝わる。子孫は代々、香林坊を家名とし、その屋敷があったことに由来する。

問 33

犀川大橋詰の 蛤 坂は別名、(　　)とも言われている。

① 瓶割坂　　　② 尻垂坂

③ 妙慶寺坂　　④ 観音坂

問 34

かつて加賀藩下屋敷があった東京都(　　)区には、加賀1丁目、加賀2丁目があり、その名残とされる。

① 練馬　　② 江東

③ 港　　　④ 板橋

問 35

5代藩主綱紀は、江戸屋敷に置かれた防火隊を拡張し、江戸で雇った男たちを消防活動に当たらせ、これは後に(　　)と呼ばれた。

① 町火消　　② いろは四十八組

③ 加賀鳶　　④ 武家火消

問 36

天神町から小立野に通じる坂道で、途中に不動明王があるのは(　　)である。

① 鶴間坂　　② 嫁坂

③ 馬坂　　　④ 天神坂

答
33

③ 妙慶寺坂

蛤坂の名は1733（享保18）年、雨宝院からの出火後、道が拡張されたことが、火によって殻を開くハマグリに例えて付けられたという。寺を火事から守る天狗の八角板民話が残る浄土宗妙慶寺の門前であったので妙慶寺坂とも呼ばれた。同寺は前田利長の臣松平康定が母妙慶尼の菩提所とした。

答
34

④ 板橋

板橋区には今も加賀藩の歴史が「金沢橋」や「金沢小学校」「加賀公園」「加賀中学校」などの名前に残っている。金沢市と板橋区は2008（平成20）年に友好交流都市協定を結んだ。市は19（令和元）年、加賀藩前田家の上屋敷や中屋敷が置かれた東京・文京区とも友好交流都市協定を締結している。

答
35

③ 加賀鳶

加賀鳶の始まりは享保年間（1716 ～ 1735年）、江戸本郷邸に雇い入れられ、藩に召し抱えられた火消しであるとされる。1869（明治2）年、江戸の加賀鳶が金沢に移り、江戸での梯子登りと幕末に行われていたと考えられる金沢での梯子登りが融合し、現在の梯子登りの原型ができたと考えられる。

答
36

③ 馬坂

馬坂は浅野川左岸にある扇町から小立野台地の宝町へ上がる坂である。昔、田井村の農民が小立野へ草刈りに行くため、馬を引いて上ったのでこの名が付いたとされる。曲がりくねっているため、「六曲り坂」ともいわれた。道中に馬坂不動尊と書かれた額を掲げるお堂がある。

問37

金沢市立玉川図書館が所蔵する（　　）は加賀藩研究や地方史研究にとって第一級の基本的史料群であり、金沢市の文化財に指定されている。

① 李下亭文庫　　　② 尊経閣文庫

③ 暁烏文庫　　　④ 加越能文庫

問38

藩主（　　）は金沢城玉泉院丸の庭園を築造するため、京都から剣左衛門という庭師を招いたといわれる。

① 利長　　　② 利常

③ 光高　　　④ 綱紀

問39

金沢市大手町にある市指定文化財の屋敷跡は、絵に親しんだことでも知られる加賀藩士（　　）が住んだ。

① 津田政隣　　　② 寺島蔵人

③ 有沢武貞　　　④ 奥村太郎左衛門

問40

2018（平成30）年、本町１丁目に（　　）の升形遺構が復元整備された。升形は藩政期、城下町防御のため惣構に設けられた土塁の「土居」や堀割、石垣から成る構築物。

① 東外惣構跡　　　② 東内惣構跡

③ 西外惣構跡　　　④ 西内惣構跡

答 37

④ 加越能文庫

加越能文庫は1948(昭和23)年、前田家史料を管理する前田育徳会から金沢市に寄贈された。5代藩主綱紀が収集した文献を中心とする尊経閣文庫のうち、加賀藩関係の公文書、藩士の日記、農民や町人に関する古文書など約3万4000点で、2010(平成22)年に県指定文化財となった。

答 38

② 利常

玉泉院丸はもと「西ノ丸」だったが、1614(慶長19)年、2代藩主利長の夫人・玉泉院が移り住んだことから「玉泉院丸」と呼ばれた。3代利常は1634(寛永11)年、京都から剣左衛門という庭師を招き玉泉院丸で庭園造りに着手。その後、5代藩主綱紀や13代藩主斉泰(なりやす)らが手を加えていった。

答 39

② 寺島蔵人

寺島蔵人は12代藩主斉広(なりなが)が竹沢御殿に設置した教諭方に登用され、藩政改革を主導した。しかし、13代藩主斉泰(なりやす)の時代に藩政を批判して失脚し、能登島に流刑にされた。蔵人は職務に励む一方で画に親しみ、文化人との交流も好んだ。作品は山水画が最も多く、竹石図や花鳥図もある。

答 40

③ 西外惣構跡

升形は宮腰往還(みやのこしおうかん)(現・金石街道=通称)と、西外惣構が交わる交通、軍事の要衝に位置し、外敵の浸入を防ぐ役割を果たした。市内で唯一、遺構が確認できる升形で、約600平方㍍の敷地に高さ約5㍍、幅約11㍍の「土居」を復元している。土居の周辺には深さ約1㍍の堀を整備した。

問1

旧石川県庁舎前で見事な枝ぶりをみせる国指定天然記念物は、「堂形の（　　）」である。

① シイノキ　　② ツバキ

③ モミノキ　　④ ヒノキ

問2

寺中町の（　　）に伝わる神事能は、前田利長が関ヶ原の合戦の戦勝祝いとして、1604（慶長9）年に始めたといわれる。

① 中村神社　　② 浅野神社

③ 額東神社　　④ 大野湊神社

問3

「六斗の広見」近くにある時宗玉泉寺は（　　）ゆかりの寺院であると言われる。

① 6代藩主吉徳　　② 珠姫

③ 本多安房守　　④ 織田信長の娘・永

問4

2008（平成20）年、作家の五木寛之が金沢を舞台にした作品の中で命名したことでも知られる、主計町から下新町に通じる坂道の名前は（　　）である。

① 広坂　　② 暗闇坂

③ あかり坂　　④ W坂

答1

① シイノキ

旧石川県庁本館正面玄関の左右にあるスダジイ。2010（平成22）年4月オープンの「石川県政記念しいのき迎賓館」の名前の由来になった。加賀藩祖利家が1595（文禄4）年に京都の三十三間堂を模した堂形の的場を作ったことや、藩の堂形米蔵が置かれたことなどから、堂形の名がついたとの説がある。

答2

④ 大野湊神社

神事能は大野湊神社で毎年5月15日に催される。寺中能は藩主の神道信仰と能楽奨励の配慮によるものだったが、廃藩後の1894（明治27）年以後は氏子の奉賛と金沢能楽会の演能によって奉納されている。舞台は利長の寄進により創建され、1665（寛文5）年には氏子村方が寄進している。

答3

④ 織田信長の娘・永

玉泉寺は野町3丁目にある。2代藩主利長の夫人であり、信長の五女・永（玉泉院）が3代藩主利常に請うて玉泉院を創建。玉泉院没後、玉泉寺と改め玉泉院の位牌所となった。境内の奥には玉泉院の供養塔といわれる五輪塔が残されている。日本マッチ工業の創設者として知られる清水誠の墓もある。

答4

③ あかり坂

「あかり坂」は、久保市乙剣宮の裏から主計町へ下る「暗がり坂」に並行する坂。五木寛之は2008年4月発表の「金沢ものがたり　主計町あかり坂」の中で命名し、標柱には五木の言葉が刻まれている。暗い夜のなかに明かりをともすような美しい作品を書いた泉鏡花をしのび、あかり坂と名付けた。

森山2丁目から山の上町にのぼる（　　）には、母親の幽霊が子供のために飴を買いに来ていたという言い伝えがある。

① おばけ坂　　② 光覚寺坂

③ あめや坂　　④ 幽霊坂

小立野5丁目にある浄土宗（　　）は、3代藩主利常の正室・天徳院が祖父徳川家康の位牌を置いたことから、前田家・徳川家双方の位牌が置かれた特色ある寺院となった。

① 宝円寺　　② 献珠寺

③ 如来寺　　④ 波着寺

卯辰山の中腹にある真言宗（　　）は、藩祖利家の守り本尊とされる摩利支天を祀っている。

① 寿経寺　　② 観音院

③ 宝泉寺　　④ 善妙寺

鬼子母神とも呼ばれ、安産や子宝に恵まれることを願って多くの参詣者が訪れる卯辰山山麓寺院群の日蓮宗（　　）は、歌舞伎役者の初代中村歌右衛門の墓があることでも知られる。

① 円光寺　　② 伝燈寺

③ 円長寺　　④ 真成寺

答5

③ あめや坂

卯辰山山麓寺院群の西北端にある光覚寺(山の上町)の門前に「飴買い幽霊」伝説に由来する「あめや坂」がある。加賀藩初期の頃、墓の中で生まれた赤子のため、母親が幽霊となって夜な夜な光覚寺門前にある飴屋に現れ、飴を与えられた男の子は寺に育てられ、立派な僧になったという伝説である。

答6

③ 如来寺

如来寺は小立野5丁目にある。天正年間、砺波郡に建立された。高岡を経て金沢に移り、5代藩主綱紀が1662(寛文2)年、母の清泰院(徳川光圀の姉)の位牌所として建立した。伽藍焼失後、1813(文化10)年、12代藩主斉広によって現在の御堂が再建された。

答7

③ 宝泉寺

宝泉寺は2代藩主利長の命により、重臣であった冨田重政が金沢城の鬼門に当たる向山(卯辰山)の中腹に堂宇を建立し、本尊を安置した。境内から金沢市街の家並みが一望でき、日本文学研究家ドナルド・キーンは落日の光景を絶賛。泉鏡花は境内の松を題材に「五本松」、「町双六」を発表した。

答8

④ 真成寺

真成寺は東山2丁目にある。小松城主であった丹羽長重が尊崇していた鬼子母神を祀り、人形供養でも知られる。寺所有の奉納産育信仰資料966点は重要有形民俗文化財。加賀蒔絵の祖・五十嵐道甫の碑もある。文豪泉鏡花の小説「夫人利生記」「鶯花径」の舞台である。

「祇園さん」とも呼ばれ、お酒の神様として信仰されているのは（　　）である。

① 松尾神社　　② 市姫神社

③ 春日神社　　④ 諏訪神社

並木町の（　　）には、能楽宝生流 15代宗家である宝生紫雪の終焉の地を示す石碑がある。

① 浅野川神社　　② 全性寺

③ 龍国寺　　④ 久保市乙剣宮

金沢五社の一つで、「春日さん」と呼ばれて親しまれている神社は（　　）である。

① 神明宮　　② 小坂神社

③ 中村神社　　④ 椿原天満宮

百人一首に収められている和歌「奥山にもみじふみわけ鳴く鹿の声聞くときぞ秋は悲しき」を詠んだ歌人を祭神とする、笠舞にある神社は（　　）である。

① 猿丸神社　　② 宇多須神社

③ 石浦神社　　④ 上野八幡神社

答 9

① 松尾神社

　鷲町にある松尾神社は、酒造業の守護神である松尾明神と災害厄除けの祇園大神の二柱が主祭神。織田信長が安土城内に祭祀した松尾明神を藩祖利家が譲り受け、金沢城内に鎮座した。片町の酒造業宮竹屋が東乃祇園に祀ることを5代藩主綱紀に陳情し、酒造業の守護神として建立した。

答 10

① 浅野川神社

　1651（慶安4）年から並木町にある浅野川神社は、藩政期に浅野川稲荷社として修験の天道院が奉仕していた。天道院は後に天道寺と改称、小児の病に霊験があるとされた。明治に入ると神仏分離令、修験道の廃止により、修験の天道寺は神官となり、1881（明治14）年に浅野川神社と改称した。

答 11

② 小坂神社

　山の上町にある小坂神社は社伝によると、717（養老元）年に鎮座し、中世には小坂荘（奈良春日大社領）の総社。中世期にたびたび兵火を受けて焼失したが、1636（寛永13）年、3代藩主利常により現地に再興。以来、金沢北郊鎮護の大社として尊崇を集めた。参道の階段中腹には松尾芭蕉の碑が建つ。

答 12

① 猿丸神社

　猿丸神社は金沢最古の神社の1つで、参道には1843（天保14）年の石灯籠一対がある。創祀の由来は、「奥山にもみじふみわけ・・」の作者で平安時代の三十六歌仙で有名な猿丸太夫が逗留していた旧房の跡に、神社があると伝えられる。本殿には十一面観音も安置され、毎年8月に観音講が営まれる。

寺社・建造物

5

83

寺町1丁目にあり、拝殿内や境内のケヤキにかけられた天狗の面が、厄除け、災難除けとして信仰されているのは（　　）である。

① 闕野神社　　② 平岡野神社

③ 郡家神社　　④ 水分神社

金石の曹洞宗（　　）は、金沢区裁金石出張所の事務員だった室生犀星が下宿し、犀星の小説「海の僧院」の舞台となった。

① 海月寺　　② 本龍寺

③ 道入寺　　④ 専長寺

3代藩主利常の生母である寿福院（千世・千代保）の祈祷所があるのは小立野5丁目の日蓮宗（　　）である。

① 大乗寺　　② 天徳院

③ 経王寺　　④ 宝円寺

問16

藩祖利家夫人まつは、京都・紫野の臨済宗（　　）に、塔頭として芳春院を建てた。

① 南禅寺　　② 大徳寺

③ 相国寺　　④ 妙心寺

答
13

① 闕野神社

闕野神社の境内で「宵詣り」という、人に呪いをかける風習が流行したことから、その悪霊を払うため天狗の面をケヤキにかけたという。社名は祭神・天照坐皇大御神を土中より発見した闕野伊右衛門の名から付けられたとされる。1981(昭和56)年の五六豪雪で落下した面が本殿に安置された。

答
14

① 海月寺

「海の僧院」は、犀星が金石にあった尼寺の海月寺で1年足らず下宿したときの経験を基にしている。その庵主は、銭屋五兵衛の家に奉公していた五郎島村の西井てつであり、銭五一族の菩提を弔うため出家した。海月寺には犀星の俳句「寒菊を束ねる人もない冬の日」を刻む碑も建っている。

答
15

③ 経王寺

経王寺は1601(慶長6)年に創建された。後年、火災にあったが、1647(正保4)年、寿福院の17回忌にあたり利常が再建した。加賀騒動のお貞(真如院・6代藩主吉徳の側室)の墓や1964(昭和39)年の東京五輪で日本選手団長を務めた大島鎌吉氏の顕彰碑がある。

答
16

② 大徳寺

芳春院は、大徳寺の塔頭の中で最も北に位置する。まつが1608(慶長13)年、玉室宗珀を開祖として建立した。法号をとって芳春院と名付け、前田家の菩提寺とした。1796(寛政8)年の火災により創建当時の建物は焼失したが、2年後に前田家11代藩主治脩によって再興された。

金沢城公園の南西にあり、2010（平成22）年に復元された堀は（　）である。

① いもり堀　　② 白鳥堀

③ 百間堀（ひゃっけんぼり）　　④ 大手堀

前田長種（ながたね）を祖とする、加賀八家のひとつ、前田対馬（つしま）守（のかみ）家の菩提寺は曹洞宗（　）である。

① 永福寺（ようふく）　　② 開禅寺

③ 玉龍寺　　④ 大乗寺

金沢市東山1丁目の真言宗観音院では、旧暦7月9日の「四万六千日（しまんろくせんにち）」を迎えると、境内には厄除けの（　）が並ぶ。

① トウモロコシ　　② レンコン

③ ダイコン　　④ サツマイモ

問20

藩祖利家を祀った卯辰山の宇多須神社は金沢城から見て北東、いわゆる（　）の方向に位置する。

① 江戸　　② 吉兆

③ 鬼門　　④ 裏鬼門

①いもり堀

　金沢城本丸下より玉泉院丸に至る堀をいもり堀と称した。名前の由来は、一説には昔、イモリが多くいたからとする。藩政期の堀の幅は広い所で約40㍍、水深10㍍以上とされる。1907（明治40）年に埋め立てられ、戦後はテニスコートに利用された。2000（平成12）年、その堀の一部が復元された。

③ 玉龍寺

　玉龍寺は野町3丁目にある寺町寺院群のひとつ。長種は織田信長に逆らって遠ざけられたが、後に藩祖利家の重臣となった。利家の長女幸姫の夫であり、長種家代々の墓がある。境内のソメイヨシノの大木は、過去の大火で焼けた本堂が再建された時、記念に植えられた。1993（平成5）年から市指定保存樹。

① トウモロコシ

　観音菩薩を本尊とする寺で、最大の功徳日である旧暦7月9日の参拝は4万6000日分のご利益があるとされている。トウモロコシは豆が多いことから「まめまめしく健康に働ける」ことや子孫繁栄のお守りとして喜ばれるほか、ふさふさとした毛は「儲け」や「厄除け」につながるともいわれている。

③ 鬼門

　宇多須神社は2代藩主利長が1599（慶長4）年に創建した卯辰八幡宮で、利家の神霊を祀ることで金沢城を守ってもらう意図があったのではないかとの推測もある。明治期、尾山神社に利家の神霊が遷座され、卯辰社の毘沙門天を合祀するなどして1900（明治33）年に宇多須神社として再スタートした。

源義経、弁慶にまつわる伝承がある「鳴和の滝」は、
(　　)の境内にある。

① 波自加彌神社　　② 浅野神社
　　は じ か み

③ 野蛟神社　　　④ 鹿島神社
　　の づち

金沢の地名の由来になったとされ、寺町5丁目にあ
る芋掘藤五郎伝説ゆかりの真言宗寺院は(　　)であ
　　いもほりとうごろう
る。

① 雨宝院　　② 波著寺
　　　　　　　　　は ちゃく

③ 伏見寺　　④ 持明院
　　　　　　　　　じ みょう

現在、金沢地方裁判所がある場所には、江戸時代、
加賀藩の(　　)があった。

① 作事場　　② 割場
　　さ く じ ば　　　　わり ば
③ 算用場　　④ 公事場
　　さんよう ば　　　く じ ば

問
24

現在、石川県立美術館がある場所には、江戸時代、
(　　)家の上屋敷があった。

① 横山　　② 津田

③ 奥村　　④ 本多

答 21

④ 鹿島神社

鳴和の滝は、謡曲「安宅」で富樫介泰家が安宅の関を通過した源義経一行と酒宴を催した「鳴者滝」の場所にちなむ。山の上町春日社の小滝に比定されることもあったが、近年は鳴和町（旧談義所村）の鹿島神社前の小滝とされている。鹿島神社は旧談義所村の産土神として尊崇される古社である。

答 22

③ 伏見寺

伏見寺の創建は717（養老元）年、芋掘藤五郎が寺院を建立し、採掘した砂金によって制作した本尊となる阿弥陀如来像に、諸国行脚で訪れた行基が開眼供養したのが始まりと伝えられている。今でも藤五郎の墓が残る。平安初期の金銅仏・阿弥陀如来坐像は国指定重要文化財である。

答 23

④ 公事場

公事場は加賀藩の裁判所に当たる。中に牢獄や死刑執行場もあった。加賀藩では入牢以上の罪を犯した者は公事場で審理され、藩主の裁可を得て処刑の宣告を受けた。公事場奉行は4人で、人持組が務めた。金沢地方裁判所はその跡地でもあり、この地は昔から裁判と縁が深かったといえる。

答 24

④ 本多

県立美術館を含む本多の森公園とその周辺は、加賀藩の筆頭家老本多家の上屋敷があった所。戦後、金沢美大などの学校用地だった場所が公園として整備された。県立歴史博物館や県立能楽堂、2020（令和2）年に東京から移転、オープンした国立工芸館など県を代表する文化ゾーンである。

問 25

1891(明治24)年に建てられた第四高等中学校本館は、赤レンガが特徴の建物で、2008(平成20)年、改修されて(　)と名づけられた。

① 中村記念美術館　　　　② 広坂休憩館

③ 石川四高記念文化交流館　④ 金沢能楽美術館

問 26

真宗大谷派金沢別院(東別院)の梵鐘(ぼんしょう)は「(　)の鐘(かね)」とされたが、元々は「式部(しきぶ)の鐘」と呼ばれていた。

① 小町　② 少納言(しょうなごん)

③ 大弐(だいに)　④ 利休

問 27

金沢四大仏とは、寺町5丁目の浄土宗(　)と同・浄安寺の坐像(ざぞう)、東山2丁目の日蓮宗蓮昌寺(れんじょう)と浄土宗玄門寺(げんもん)の立像(りゅうぞう)である。

① 本龍寺　② 大蓮寺(だいれん)

③ 龍国寺　④ 極楽寺

問 28

現在、石川県政記念しいのき迎賓館として活用されている(　)の主な設計は、国会議事堂建設の責任者でもあった矢橋(やばし)賢吉が担当した。

① 旧第四高等学校校舎　② 旧知事公舎

③ 旧石川県庁舎本館　④ 旧金大附属小中学校校舎

答
25

③ 石川四高記念文化交流館

広坂2丁目にあり、県は2008年に石川近代文学館として使用していた施設を改称し、リニューアルオープンした。施設内の石川四高記念館は金沢大学の前身であり、多くの人材を育てた旧制第四高等学校(中学校)について学べ、石川近代文学館では、三文豪をはじめ石川ゆかりの文学者を多数紹介する。

答
26

④ 利休

安江町の東別院で2007(平成19)年11月まで使われた梵鐘には、千利休の号「宗易」、1545(天文14)年の「天文十四年」の銘があり、「利休の鐘」とされた。梵鐘は元々、京都の浄土宗西山深草派総本山誓願寺にあったとされる。平安中期の歌人、和泉式部の寄進として「式部の鐘」とも呼ばれた。

答
27

④ 極楽寺

極楽寺は後醍醐天皇の皇子が開基とされる。3代藩主利常から現在地を拝領し建立。丈六の阿弥陀仏を本尊としている。近くの浄安寺に寄木造り阿弥陀如来坐像、東山2丁目の蓮昌寺に釈迦如来立像、玄門寺に寄木立像阿弥陀仏がそれぞれ祀られ、合わせて「金沢四大仏」と呼ばれている。

答
28

③ 旧石川県庁舎本館

旧石川県庁舎本館は当時の大蔵省技官・矢橋賢吉が設計、1924(大正13)年に竣工した。県内初の本格的な鉄筋コンクリート造り建築で、電気暖房や水洗便所など、近代建設設備の技術を伝える役割も果たした。当時、改築を進めた山県治郎知事は県民から「欧米心酔庵鉄筋混凝土居士」と揶揄されたという。

寺町4丁目にある日蓮宗寺院で、キリシタン大名高山右近ゆかりの「キリシタン灯籠(とうろう)」でも知られるのは(　　)である。

① 立像寺(りゅうぞうじ)　　② 妙法寺

③ 高岸寺(こうがんじ)　　④ 妙立寺(みょうりゅうじ)

菅原道真が自分の姿を水鏡に映して描いたと伝えられる「鏡天神図(かがみてんじんず)」は寺町5丁目にある天台真盛宗(てんだいしんせいしゅう)(　　)に安置されている。

① 来教寺(らいきょうじ)　　② 神護寺(じんごじ)

③ 西養寺(さいようじ)　　④ 西方寺(さいほうじ)

今や金沢観光の目玉のひとつとなった、金沢21世紀美術館の愛称は(　　)である。

① ZAWART　　　　② @21

③ アートサークル　　④ まるびぃ

問
32

境内に鎮守として天満宮を祀ったことから、藩政時代には「瓢箪町(ひょうたんまち)の天神様」と呼ばれ、参詣の人々でにぎわった曹洞宗の寺院は(　　)である。

① 久昌寺(きゅうしょう)　　② 松山寺(しょうざん)

③ 崇禅寺(そうぜん)　　④ 月照寺(げっしょう)

答29

① 立像寺

創建時に、3代藩主利常の祖母・寿命院の再婚先小幡家が木材を寄進した。藩政時代に江戸で活躍した6代目横綱阿武松緑之助や算学者・関孝和の墓碑があることでも知られる。妊婦がお産の前に死亡し、おなかの子を不憫に思ったその母が毎夜、飴を買いにやって来るという幽霊の話でも有名である。

答30

④ 西方寺

西方寺は1584(天正12)年、藩祖利家と側室隆興院との間に生まれた六女菊姫が7歳で夭折したため、利家は菊姫を弔う菩提寺として金沢城付近に建立した。1616(元和2)年、現在地に移築され、大津市の西教寺とともに菊姫の画像を有する。利家奉納とされる「天神画」、「飴買い地蔵」を安置する。

答31

④ まるびぃ

愛称公募には約1カ月の期間内に国内外から3101点が寄せられ、金沢市内の男性の作「まるびぃ」が2004(平成16)年7月、採用された。建物の特徴である「まるい」と、美術館の「び」を組み合わせ、呼びかけやすいよう「ぃ」をつなげたことが親しみをもたせ、子供にも覚えやすいと評価された。

答32

③ 崇禅寺

崇禅寺は、1648(慶安元)年に能登国酒井永光寺の先住久外が隠居所として金沢に再興した禅院である。鎮守として祀られた天神は、江戸期には霊験あらたかとされ、庶民の崇敬があつかった。祭礼は春の3月25日、秋の10月25日で、金沢諸寺社祭礼の最初と最後を飾るものとされている。

金沢の（　）は、汁が薄味で、車 麩やカニ面など金沢らしいタネにも特徴がある。

① じぶ煮　　② うどん

③ おでん　　④ 鶏やさい鍋

金沢市内の鮮魚店などで、夏の味覚として、焼いた魚に醤 油やみりん、あめなどでとろみをつけたタレをつけて売られているのは（　）である。

① 塩焼き　　② 串焼き

③ でんがく　　④ 色付け

脂の少ない夏の天然ブリを開き、姿干しにしたものを（　）と呼び、保存食として薄切りにして食べる。

① 巻きブリ　　② がんど

③ 夏ブリ　　④ いなだ

問
4

加賀野菜の（　）は、「目（芽）が出る」ことから「めでたい」「立身出世」「子孫繁栄」など縁起をかついで正月に使われる食材である。

① ゆりね　　② さといも

③ くわい　　④ ふき

答1

③ おでん

2018（平成30）年に金沢市内の創業50年以上の老舗で「金沢おでん老舗50年会」を立ち上げ、金沢おでんの定義を決めた。その結果、車麩、赤巻、ふかし、バイ貝、カニ面、金沢銀杏を使ったひろず、源助大根などの加賀野菜といった金沢独特の具と、各店が大切にするだしを用いたものとなった。

答2

④ 色付け

金沢やその近郊で夏のおかずとして親しまれている。白身魚の切り身やイカなどを竹串に刺して焼き、醤油と砂糖で煮詰めた甘辛のタレを絡めた伝統食である。まだ冷蔵庫がなかった頃、魚が傷みやすい夏においしく食べさせようと工夫されたもので、購入したままの状態で食卓に並べられる。

答3

④ いなだ

関東ではブリの幼魚をイナダと言うが、金沢などでは夏の保存食として藩政期から伝わるブリの干物を指す。脂の落ちた天然ブリを三枚におろして天日で干す。製造期間が短く生産量が限られるため珍重される。薄く削って食べるほか、酢をかけたり、お茶漬けもうまい。湿気を避け、常温で保存する。

答4

③ くわい

15品目が認定されている加賀野菜のうち、くわいには在来種の「青くわい」と、白みを帯びた「白くわい」がある。現在、金沢市小坂・御所地区で栽培されている加賀野菜のくわいは、青くわいである。5代藩主綱紀が産業の興隆を志し、農事の奨励に力を入れ、栽培を広めたとされる。

問5

金沢の「いなりうどん」とは、(　　)である。

① いなりずしの付いたうどん
② 大きな味付け油揚げの載ったうどん
③ 細く刻んだ油揚げの載ったうどん
④ 天かすの載ったうどん

問6

加賀藩の御料理人だった舟木伝内の「五節句集解」に正月7日、前田家では、なずな、だいこん、かぶ、ちゅうな、(　　)、昆布の6品に切餅を加えて七草粥とした記述がある。

① くちこ　　② 銀杏
③ 熨斗鮑　　④ 甘海老

問7

金沢のお重に詰めるおせち料理は、一の重は祝い肴、二の重は口取り、三の重は煮物で、与(四)の重は別名(　　)といわれる。

① きんとん重　　② えびす
③ おこぶた　　④ なます重

問8

「ブリ」は成長に従って呼び方が変わり、金沢では「(　　)」から「フクラギ」、「ガンド」、「ブリ」となる。

① シイラ　　② メギス
③ コゾクラ　　④ トビウオ

答5

③ 細く刻んだ油揚げの載ったうどん

薄揚げを1枚載せるきつねうどんとは違い、玉ねぎやねぎと一緒に甘く煮た短冊切りの薄揚げが載っている。やさしい味で、まさに庶民の味といえるだろう。ちなみに「たぬきうどん」は、一般的には天かすが載ったうどんだが、金沢ではいなりうどんにあんをかけたものを指すことがある。

答6

③ 熨斗鮑

「包丁侍（ほうちょうざむらい）」とも呼ばれた舟木伝内包早（かねはや）は御料理人として藩主に仕え、1743（寛保3）年には、御膳方棟取（かたとうどり）に任命された。伝内の作った料理は「ちから草」などの著書によって知ることができる。七草は地方によっては米や麦、粟、ひえ、きびの五穀とゴマ、小豆を加えた7種を指すこともある。

答7

④ なます重

現代では三段重が一般的だが、金沢では与（四）の重まで作るのが本来の風習だったと言われる。一の重は田作りや数の子など、二の重はかまぼこ、きんとん、だて巻き、昆布巻きなど、三の重は煮しめ、与（四）の重は生ものとなる。どの重を何番目にするかは、地域や時代の風習により違いも見られる。

答8

③ コゾクラ

ブリは出世魚と言われており、生まれてから成長するのに従い、次々と名前が変わる。呼び方は地方により様々だが、金沢ではコゾクラ、フクラギ、ガンド、ブリと大きさにより区別され、コゾクラは15－20㌢の稚魚を指す。夏場が旬で、煮魚にするのが一般的だが、刺し身も良い。

金沢の家庭では、大根ずしは一般的に、源助大根と
（　　）でつくられる。

① ブリ　　　② シイラ

③ サバ　　　④ 身欠きニシン

かつて金沢の多くの家ではひな祭りが1カ月遅れの
4月3日に行われ、ひな膳には、いわしと小ネギの
ぬた、干ダラ、それに（　　）のみそ汁が並んだ。

① 甘エビ　　② シジミ

③ アサリ　　④ ホッキガイ

98

じぶ煮などに使われるすだれ麩は、グルテンに
（　　）を加えて、すだれで押さえて筋目の入った板
状にする。

① 米粉　　　② 小麦粉

③ 片栗粉　　④ そば粉

問
12

加賀野菜イメージキャラクター「（　　）」は、打木
赤皮甘栗かぼちゃをモチーフとしている。

① 金沢そだち　② タマ姫

③ カガ丸　　　④ ベジタン

答9

④ 身欠きニシン

身欠きニシンは、水揚げしたニシンから内臓や卵巣（数の子）を取り除いて干したもので、四季を通して煮物などにも使われている。大根ずしは、かぶらずしと並ぶ、加賀を代表する伝統的発酵食品である。大根ずしが根付いた背景には、藩政期からの北前船による物資流通が大きく影響していると言われる。

答10

② シジミ

ひな祭りに欠かせないハマグリの吸い物に代わりシジミのみそ汁が出た。太平洋側に比べて春の訪れが遅かった石川県では、かつてはハマグリの入手が難しかったためと考えられる。そもそも、ひな祭りに二枚貝が使われるのは、貞節や夫婦和合の象徴として考えられていたとされている。

答11

① 米粉

すだれ麩は加賀藩御料理人舟木伝内が考案したとされ、息子安信との共著「料理無言抄」でも紹介されている。すだれによる凹凸で表面積が増し、煮汁を吸いやすくなることから、じぶ煮などの煮物に適した具材とされている。グルテンは小麦粉を水で練った生地を洗うと残るたんぱく質である。

答12

④ ベジタン

打木赤皮甘栗かぼちゃをモチーフとして加賀野菜の入ったカゴをかつぐキャラクター「ベジタン」は、金沢市農産物ブランド協会が全国からキャラクターと愛称を募集し、2001（平成13）年に制定された。2009年には商標登録され、マスコット人形などで加賀野菜をPRしている。

江戸時代、じぶ煮について「鴨の皮を鍋にて炒りだしたまりにて加減して、じぶじぶといわせた」と記述している書物は「（　　）」である。

① 料理物語　　② 料理のちから

③ 料理百珍　　④ 料理の栞（しおり）

一般に金沢の雑煮は、（　　）をたっぷり使って出汁（だし）をとり、醤油で味付けした汁に餅を入れて煮込み、セリを散らしたものである。

① かつお節　　② 昆布

③ 煮干　　④ あご節

「金沢の町のちょっとした名物に、泥鰌（どじょう）の蒲焼（かばやき）がある」という文で始まる芥川賞作家古井由吉の小説は「（　　）」である。

① 雪の下の蟹（かに）　　② 長い町の眠り

③ 陽気な夜まわり　　④ 踊り場参り

「金沢藤五郎（とうごろう）」は、湯涌地区の山中に自生していた（　　）をもとに改良した品種で、粘りが強く、食感が良いのが特徴である。

① オクラ　　② レンコン
③ 自然薯（じねんじょ）　　④ 里芋（さといも）

答 13

① 料理物語

「料理物語」は、江戸時代初期の代表的な料理書で、形式的な作法を主としたものではなく、材料や調理法を簡潔ではあるが、具体的に書いたものとしては最も古い。著名な本だが、著者については定説がない。また、「じぶ煮」の名前の由来にはこのほかにも人名説、キリシタン大名の高山右近考案説など諸説ある。

答 14

② 昆布

雑煮を全国的に大別すると、関東は角餅のすまし仕立て、関西は丸餅の味噌仕立てである。関東と関西の中間にある石川県の加賀・能登は丸餅のすまし仕立てが多い。金沢で角餅を使う家が多いのは、珠姫が徳川家から3代藩主利常に嫁いで広まったとも言われる。

答 15

④ 踊り場参り

小説家でドイツ文学者の古井由吉（1937-2020年）は、金沢大学でドイツ語の助手、講師を務めていたことがあり、三八豪雪を題材にした「雪の下の蟹」は有名である。「踊り場参り」は徳田秋声の「町の踊り場」の舞台をたどるもので、金沢の街並みなどが描かれている。

答 16

③ 自然薯

「金沢藤五郎」は、金沢市農業センターで、1996（平成8）年から選抜・増殖を行いながら調査を継続し、6年後にその特性が安定していることを確認した。品種登録は2006（同18）年で、在来種と比較してムカゴの着生が多いこと、雌雄性が雄株であることなどで区別できることが認められた。

問17

金沢では、タラの精巣である「白子」は（　　）と呼ばれ、鮮度のいいものは濃厚でミルクのようなコクがあり、生で酢の物や吸い物にしたり、身のぶつ切りと一緒に鍋にする。

① 子付け　　② たらこ

③ かま　　④ だだみ

問18

金沢で「ネジラガレイ」といわれている、夏が旬の魚は、一般には（　　）と呼ばれて、煮つけやバター焼きなどに用いられる。

① ヒラメ　　② シタビラメ

③ キス　　④ カレイ

問19

金沢では、正式な婚約の儀式となる結納に用いられる品々には、金沢の伝統工芸の一つである（　　）が華麗に施されている。

① 袱紗　　② 根付

③ 水引　　④ 組紐

問20

加賀藩家老の本多家が、13代藩主斉泰への献上品として、尾張町の菓子商につくらせた（　　）が金沢で最も古い金華糖であると言われている。

① にらみ鯛　　② はまぐり

③ たけのこ　　④ もも

答 17

④ だだみ

白子は、主に魚類の精巣を食材にする際の呼び名で、地方名で「だだみ」と呼ぶところは少なくない。北海道では「タチ・タツ」、岩手・宮城県では「きく・きくわた」、京都では「雲子（くもこ）」と呼ぶことが多い。焼き物、天ぷら、味噌汁、酢の物、鍋の具材としても利用される。

答 18

② シタビラメ

シタビラメは、ヒラメではなくカレイ目の魚である。欧米では靴底を意味する名前で、日本でも九州の有明海・八代海沿岸地域ではクチゾコ、クツゾコと言う。新潟県周辺では、体を倒して海底を這うように泳ぐことから「寝擦（ねずり）」の意であるネズリ、ネズラと言い、「ネジラガレイ」に近い。

答 19

③ 水引

結納では、男性側から女性側の家に数々の結納品を贈るのが基本で、家内喜多留（やなぎたる）、寿留女（するめ）、長熨斗（ながのし）、末広（すえひろ）、子生婦（こんぶ）、友白髪（ともしらが）といった縁起物が座敷の床の間の前に並べられる。それぞれに金沢の伝統工芸の一つである「水引」が施されており、立体的な結びの造形が格調の高さを演出している。

答 20

① にらみ鯛

砂糖を煮溶かし、型に流して固め、きれいな色をつける飾り菓子の金華糖は、江戸時代に南蛮（なんばん）菓子の一つである有平糖（あるへいとう）を模して作られたものとされる。当時、砂糖は貴重品であったため、江戸幕府や主君への献上品の一つであった。金沢のものは大きくて色鮮やかなのが特徴である。

問21

金沢ではお正月に仏壇や神棚に（　　）を供える風習が残っている。

① 梅の花　　② 葉牡丹

③ 福寿草　　④ 松花

問22

金沢で正月の玄関に飾るしめ飾りは金沢型といわれ、縄を（　　）に巻いた形が特徴である。

① 一重　　② 二重

③ 三重　　④ 五重

問23

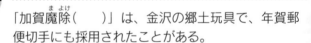

「加賀魔除（まよけ）（　　）」は、金沢の郷土玩具で、年賀郵便切手にも採用されたことがある。

① 牛　　② 虎　　③ 鼠（ねずみ）　　④ 馬

問24

金沢の婚礼の習わしとして、挙式当日の式・披露宴の前に、新婦が両親や仲人とともに新郎の家を訪れ、玄関先で添い遂げる誓いを固める（　　）がある。

① 合わせ水　　② たもと酒

③ 契り水（ちぎ）　　④ 暖簾渡し（のれん）

答21

④ 松花

郷土史家・日置謙の「加能郷土辞彙」によると、「松花は金沢地方で正月の仏壇にささげる松の小枝で作った立花」とあり、華道の立花を模している。コミと呼ばれる藁づとに、五葉松のドウや松かさをつけたミコシ、こけむした松（苔松）などを組み合わせ、仏壇だけでなく、神棚にも供える。

答22

③ 三重

金沢型のしめ飾りは、縄を三重に巻いて輪を作り、親亀、子亀、孫亀の３代を表す。家が代々続くようにとの願いからである。輪を作らず弓形の「輪島・珠洲型」、紅白の御幣で華やかな「小松型」など県内でも地域によって形状が異なる。また、奥能登では玄関ではなく、神棚に飾る家が多いという。

答23

② 虎

加賀魔除虎は、屈強な虎の姿で悪魔を追い払い、武勇を念じる縁起物として愛玩されている。2010（平成22）年には年賀郵便切手の図案にもなった。加賀の張子の虎は丸みを帯びた可愛いもので、愛嬌たっぷりにゆらゆらと首を振る姿は福を招くものとして親しまれている。

答24

① 合わせ水

実家から竹筒に入れて持参した水と、婚家の水を合わせて素焼きのかわらけに注ぎ、新婦は「両家の水に合うよう」願って口にする。そして仲人の夫人か新婦本人が「戻らない」誓いを込めてかわらけを玄関のたたきに打ちつけて割る。その後、婚家で花嫁のれんをくぐり、仏壇参りをする。

金沢近郊の農村部では7月の土用の日に、田植えじまいの祝い餅である（　　）を娘の嫁ぎ先に贈る習わしがある。

① ころころ餅　　② おはぎ

③ ささげ餅　　④ うぐいす餅

毎年12月8日に、折れたり曲がったりした縫い針やまち針に感謝する針供養は、金沢では裁縫を習っている女性が師匠におはぎなどを贈ったことから（　　）とも呼ばれた。

① 針贈答　　② 針仕舞

③ 針歳暮　　④ 針送り

金沢市大野町の夏祭りでは、金沢市無形民俗文化財として伝承されている（　　）が、勇壮に町々を練る。

① 夏越神輿（なごしみこし）　　② 山王悪魔払（さんのうあくまばらい）
③ 大野悪魔払（あくまばらい）　　④ 山王山車（さんのうだし）

問
28

金沢では、結婚の意志が固まると結納（ゆいのう）の前に行われる仮結納のことを（　　）と呼ぶ。

① ちぎり酒　　② むすび酒

③ かため酒　　④ たもと酒

答25

③ ささげ餅

金沢には、土用の入りに食べる「土用餅」という習わしがあり、このささげ餅が昔からよく食べられている。ささげ餅は、塩で煮たささげ豆を餅に付けた和菓子で、ほんのりとした塩味のために食欲が落ちてしまう夏でも食べやすい。ササゲはササゲ属の一年草で、豆は古くから小豆代わりに使われてきた。

答26

③ 針歳暮

北陸や関西の針供養は「事納め」の12月8日に行われる。供養の際は小豆汁を供えるのが習わしで、戦前、女児のいる家庭では細長くした団子を入れた小豆汁を供えて食べる習慣もあった。近年は裁縫をする人が減り、見られなくなったが、服飾専門学校などでは続けられている。

答27

② 山王悪魔払

山王悪魔払は、大野日吉神社の夏祭りに神輿の渡御にしたがって演ぜられ、600軒あまりの町内を回る。先達は「坊さん」と称せられ、踊り手の3人とともに悪魔を払う。用いられる5色の旗はそれぞれ明王を象徴し、厄除けの願いが芸能化されたことを示している。

答28

④ たもと酒

数は減ったが、金沢には結納前に男性側から女性側に、清酒1升と半紙に包んだスルメを持参する「たもと酒」という風習がある。名称の由来は、一説によると、縁談を断られ、酒を持ち帰るはめになっても、周囲にさとられないよう最初から酒を着物の袂に隠して運んだためとされている。

問
29

金沢の男の子のいる家で毎年12月25日から正月の間、座敷の床の間に飾られた（　　）は、かつて盛んに行われた習わしである。

① 剣梅鉢飾り　　② 福徳(ふっとく(こ))

③ 天神堂　　④ 太子堂

問
30

金沢で女の子が生まれると実家から贈られる繭玉(まゆだま)は、（　　）の枝に小さな餅をつけたもので、家の金蔵(かねぐら)をしっかり守るようにとの願いが込められている。

① 桜　　② 梅　　③ 柳　　④ 桐

問
31

かつては金沢城下で、「魔」が棲(す)む魔所といわれて恐れられたが、今ではパワースポットとして脚光を浴びている場所は（　　）である。

① 医王山　　② 黒壁山

③ 満願寺山　　④ 戸室山

問
32

金沢のお盆の墓前に供える「キリコ」の一種である（　　）は、亡くなった子どもを供養するためのものである。

① 箱キリコ　　② 幼キリコ

③ 花キリコ　　④ 札キリコ

答29

③ 天神堂

天神堂は、学問の神様といわれる菅原道真(845-903年)をまつったミニチュアのお堂で、母親の実家から贈られた。藩主が菅原姓を称し天神信仰があつかった旧加賀藩では、昭和中頃まで多く飾られていた。道真公の誕生日と命日がどちらも25日であることから、12月25日に飾り、1月25日に片付けた。

答30

③ 柳

金沢で100年以上の歴史がある繭玉は、正月の縁起物としても知られる。柳の枝に、蚕(かいこ)の繭(まゆ)に似せた白、薄紅、黄、薄緑の小さな餅を飾り付ける。最中(もなか)の皮を使う場合もあり、招き猫や色紙(いろがみ)をつるしたものもある。昔は家の大黒柱にくくりつけられたが、近年は飾りやすい小さなものが主流となった。

答31

② 黒壁山

三小牛町(みつこうじ)の天台宗薬王寺は、天狗信仰と結びついた九萬坊大権現(くまんぼう)をまつっており、火伏(ひぶせ)、商売繁盛などの霊験(れいげん)で知られている。藩祖利家が金沢城に棲む「魔」を黒壁山へ移させたとの逸話もあり、黒壁山の九萬坊大権現については、室生犀星に「天狗」という作品があり、泉鏡花も作品の中で触れている。

答32

③ 花キリコ

キリコは、切籠灯籠(きりこどうろう)の略で、お盆に灯籠をともすことは古くから全国で行われた。それ自体は一般的であるが、キリコに進上者の名前を書いて他家の墓に献納する風習は独特である。花キリコは子どもを供養する際に供えられ、花びら部分は男児の場合は青か緑、女児はピンク色が用いられる。

加賀藩の大名行列の様子を描いた「加賀藩大名行列図屏風(びょうぶ)」を所蔵しているのは(　　)である。

① 石川県立美術館
② 石川県立歴史博物館
③ 東京国立博物館
④ 前田育徳会尊経閣文庫

江戸時代、絵師の一大勢力であった(　　)は、全国諸藩に派遣されてお抱えとなり、加賀藩には友益(ゆうえき)や伯円(はくえん)、即誉(そくよ)らが仕えた。

① 狩野派　　② 後藤家
③ 五十嵐派　　④ 長谷川派

5代藩主綱紀のコレクションとして知られている百工比照とは、(　　)の素材や作品の見本のことである。

① 農耕具　　② 大工道具
③ 工芸品　　④ 漁具

問4

加賀藩の武士の内職として生まれたといわれる伝統工芸品は加賀(　　)である。

① 水引　　② 毛針
③ 新刀　　④ 象嵌(ぞうがん)

答1

② 石川県立歴史博物館

　各縦154.2㌢×横446.8㌢の8曲1双の、紙本著色屏風。大正期から昭和初期にかけて、郷土史研究に功績のあった風俗画師巌如春らにより制作された。画中には人物473人、馬14頭、駕籠4丁が描かれている。右隻(向かって右の屏風)に白馬に乗った加賀藩前田家の殿様が描かれている。

答2

① 狩野派

　江戸時代初期、絵師集団の狩野派が全国で勢力を増す中、江戸の表絵師である、友益、伯円、即誉らは加賀藩にも仕えた。加賀藩の本郷邸に5代将軍徳川綱吉が訪れた際、御成御殿の障壁画制作を担うなど江戸での仕事がほとんどだが、金沢を訪れて作品を仕上げ、地元の絵師を指導したこともある。

答3

③ 工芸品

　「百工」とは、諸種の工芸、工匠を指し、「比照」とは比較対照するという意味である。5代藩主綱紀が編集した工芸の百科事典と言える。総点数は2,000点以上にのぼり、江戸時代前期から中期(17～18世紀)にかけての工芸技術の実態を今日に伝える極めて貴重な資料である。

答4

② 毛針

　武士の特権として川釣りを奨励していた加賀藩で、武士がさまざまな針を考案し、手内職として鮎毛針を作っていた。明治期に入ると一般市民にも釣りが許されて需要が増し、専業の釣針屋が現れた。加賀毛針は接合部分に漆や金箔を施すなど丈夫で美しいことから今でも人気がある。

問5

全国の金箔生産量に占める金沢箔のシェアは（　）
として知られている。

① 11%　　② 33%

③ 67%　　④ 99%

問6

友田安清（ともだやすきよ）は、金沢工業学校の陶画科主任教師となり、
以降、洋式顔料や硬質陶器製造などで功績の高かっ
た陶芸研究者で、（　）と号した日本画家でもあっ
た。

① 華邨（かそん）　　② 米僊（べいせん）
③ 九渓（きゅうけい）　　④ 右暁（うぎょう）

問7

加賀友禅には、模様を手描きによって染める手描き
友禅のほかに、板場（いたば）友禅とも称する（　）の工法が
ある。

① 型友禅　　② 文友禅

③ 版友禅　　④ 置友禅

問8

漆芸家の新村撰吉（しんむらせんきち）は、戦後、誰も行っていなかった
（　）技法を研究して、以降、その技の第一人者と
して日本伝統工芸展を中心に活躍した。

① 印伝（いんでん）　　② 漆皮（しっぴ）
③ 皮蒔絵（かわまきえ）　　④ 金唐革（きんからかわ）

答5

④ 99%

金沢で作られる金箔は、日本の生産量の約99%を占める。10円玉ほどの大きさの金合金をほぼ畳一畳分に延ばし、1万分の1ミリの厚さに仕上げる。金沢箔の発祥は定かではないが、16世紀後半に京都から伝わったとされ、藩祖利家が藩内で金箔を作るよう命じた文書がある。

答6

③ 九渓

友田安清は、絵画を幸野楳嶺・岸竹堂・池田九華に学び、陶画を内海吉造・岩波玉山に習い、九径または九渓と号した。石川県立工業学校教諭を経て、陶磁器工場を金沢に設立。傍ら洋式顔料の製造を実弟と共営した。兵庫県出石郡立陶磁器試験所長を務めたあと、金沢にニッコーの前身・林屋組を創立した。

答7

① 型友禅

型友禅は、図案家が柿渋紙で型紙を作り、その型紙で職人が色糊を使って染め上げる。合成染料の登場により、明治時代の初期にできた友禅で、いくつかの産地がある。柄が同じで量産できるのが大きな特徴となっており、手描き友禅と異なり多くの工程を、職人が分業で作っていることも特徴と言える。

答8

② 漆皮

漆皮は、古代から行われている技法で、鹿や牛の革を湿らせて成形し、乾燥後に漆を塗って固定させる。薄手で軽く丈夫である。新村撰吉は、1907（明治40）年生まれ。東京美術学校（現・東京芸大）で漆工を学び、松田権六に師事し、官展で活躍した。日本工芸会理事、東京芸大名誉教授。

問9

美濃から金沢に来た（　）は、加賀新刀を完成させ、加賀正宗と呼ばれた刀匠である。

① 橘勝国　　　　② 藤原信友

③ 初代辻村兼若　④ 藤嶋友重

問10

金沢出身の金工作家（　）は、1975（昭和50）年に日本芸術院会員となった。

① 米沢弘安　② 高橋介州

③ 板坂辰治　④ 蓮田修吾郎

問11

藩政期に代々、白銀師を率いた名工の家柄である（　）は、1877（明治10）年に金沢市長町川岸に設立された銅器会社の職工棟取として活躍した。

① 青木木米　　　② 2代金森宗七

③ 8代水野源六　④ 9代宮崎寒雉

問12

石川四高記念文化交流館の前庭に建つ「四高記念碑」の作者は日本芸術院会員でもあった金沢生まれの彫刻家（　）である。

① 高村光雲　② 朝倉文夫

③ 吉田三郎　④ 石川光明

③ 初代辻村兼若

初代辻村兼若は、江戸時代前期に加賀で活躍した。名を甚六、受領銘は越中守で、高平と改名し加賀新刀の完成者として知られる。前田家に召されて金沢に移り、本来の単調な関伝から相州伝や備前伝を工夫し、独自の華麗な逆丁子乱を考案、「加賀正宗」と称され名声を博した。

④ 蓮田修吾郎

蓮田修吾郎（1915-2010年）は、金沢市野田町生まれの鋳金家で、石川県立工業学校（現・石川県立工業高）、東京美術学校（現・東京芸大）を卒業後、日展などで活躍し、文化勲章を受章。「金属造型」という新分野を開拓した。代表作に「四島のかけ橋」、JR金沢駅金沢港口（西口）の「悠颺」などがある。

③ 8代水野源六

水野源六は、加賀藩前田家に召し抱えられた後藤家の教えを受けて彫金の仕事をした白銀師の家柄で、代々水野源六を襲名した。初代源六は、京都から加賀に移り住み、藩から扶持を受けた。8代は7代の養子で、銅器会社の職工棟取を務め、多くの弟子を養成した。

③ 吉田三郎

吉田三郎（1889-1962年）は、彫刻家、日本芸術院会員。石川県立工業学校から東京美術学校へ進み、彫刻を学んだ。県立工業学校時代には生涯、師と仰いだ板谷波山、青木外吉の指導を受けた。東京美術学校の同級生に北村西望、建畠大夢、斎藤素巌らがいる。

問13

藩政後期、火災で焼失した金沢城二の丸御殿の再建時に筆を振るった狩野派の佐々木泉景は、( )絵師として活躍する傍ら多くの門人を育てた。

① 表　　　② 奥

③ お抱え　　④ お細工

問14

明治初期から貿易商として九谷焼や銅器などの輸出を手がけた( )は、盛んに万国博覧会への出品を行うなど工芸や産業発展の 礎 を築いた。

① 円中孫平　　② 長谷川準也

③ 前田 肇　　④ 老子次右衛門

問15

美術工芸の巨匠とされる陶芸家の板谷波山は1896（明治29）年、石川県工業学校に、( )科教諭として赴任した。

① 窯業　　② 彫金

③ 彫刻　　④ 図案

問16

9つの工程に分かれる金沢仏壇の製造作業のうち、( )は入母屋造りの壮麗で複雑な屋根まわりの細工が施される部分である。

① 空殿　　② 建屋

③ 木地彫　　④ 覆屋

答13

③ お抱え

佐々木泉景(1773－1848年)は、今の加賀市大聖寺出身の狩野派の絵師。鶴沢探索・探泉父子に師事して技を磨き、法眼の位にまで出世した。加賀藩お抱え絵師として「六玉川歌意図屏風」(石川県立歴史博物館蔵)、「群鹿図屏風」(加賀市・実性院蔵)など多くの作品を残した。

答14

① 円中孫平

高岡に生まれ、幕末から明治時代に活躍した貿易商で、金沢の実業界の先駆者。各国で開かれた博覧会に、自ら渡航したり、女婿の文助を派遣した。1881(明治14)年にはパリに支店を開設している。九谷焼や銅器、漆器、生糸などの海外輸出を手がけ、中でも九谷焼の名を世界に広めた功績は大きい。

答15

③ 彫刻

板谷波山(1872－1963年)は、日本近代陶芸の開拓者。茨城県下館市に生まれ、東京美術学校卒業後、石川県工業学校に彫刻科教諭として赴任した。彫刻科の廃止にともない陶磁科に移り、本格的な陶磁器の研究に着手、上京後「波山」と号し、陶芸家として歩んだ。陶芸家初の文化勲章受章者。

答16

① 空殿

空殿は、仏壇の内陣の本尊、開祖、宗祖などを祀るところで、宗派によってある程度の決まりがある。屋根まわり(本尊を安置する場所)の部分は仏壇に入れてしまうと上部が見えなくなってしまうが、荘厳さを表現する重要な部分であり、細かな仕事がなされ金箔も押される。

問17

後藤程乗は、後藤家の第9代で、加賀藩より30人扶持を拝領し、1年おきに京都から金沢に来て（　　）の指導に当たったとされる。

① 彫金　　　② 漆工

③ 刀鍛冶　　④ 楽焼

問18

京都の桂離宮の造営には、3代藩主利常が資金援助を行っており、園内にある茶室「松琴亭」の襖には、金沢で漉かれた白と藍色の（　　）が市松模様にあしらわれている。

① 下地紙　　　② 雲龍紙

③ 加賀奉書　　④ 加賀画仙紙

問19

「加賀友禅」という呼称は、史料では18世紀後半に初出が確認されているが、一般的に使われたのは大正時代以降とされ、以前は、色絵染、上絵、加賀染、あるいは（　　）などと呼ばれていた。

① 金城染　　　② 御国染

③ 加州染　　　④ 加陽染

問20

大手町の寺島蔵人邸には、3代藩主利常が描いたとされる（　　）の絵が所蔵されている。

① 軍鶏　　② 犬　　③ 椿　　④ 松

答17

① 彫金

後藤程乗（1603－1673年）は装剣金工家。後藤家7代顕乗の長男で京都生まれ。加賀藩に金工および政務両面で仕え、加賀後藤家の発展に寄与した。3代藩主利常の信任を得て30人扶持を支給された。作風は、その人柄同様に穏健で、品格にあふれているとされる。

答18

③ 加賀奉書

加賀奉書は、藩祖利家の時代から能美、石川、河北の3郡を中心に漉き出された奉書紙である。加賀奉書が桂離宮の茶室「松琴亭」の床張つけと襖の市松模様の意匠材料に使用されているのは有名。この伝統的製法は、現在も金沢市二俣町などで受け継がれている。

答19

② 御国染

加賀友禅の名称は近世につけられた。加賀友禅の原点とみられているのは、定紋の周りを松竹梅や鶴亀などの意匠で囲んで彩色した色絵紋である。このamong、17世紀中頃に宮崎友禅斎が金沢へ移住し、友禅糊の開発を経て完成した。加賀で生まれた染物の技法は飛躍的な発展を遂げた。

答20

④ 松

金沢の家柄町人片岡孫兵衛が利常から松を拝領した際に添えられていた利常自筆の画賛が付いた松の絵である。スケッチ風のものだが、利常自らが筆で描いたものは珍しい。1636（寛永13）年に孫兵衛が堤町に家を新築したことを聞いた利常が翌年3月、城内の露地の松を与えたという。

問 21

加賀象嵌職には、刀装金具を主とする白銀師と、馬具を主とする（　　）の2系統があった。

① 手綱師　　② 蹄鉄師

③ 鞍師　　④ 鐙師

問 22

石川県立美術館に所蔵されている国宝「色絵雉香炉」は、3代藩主利常の治政後期から5代藩主綱紀の初期の頃に前田家の収集品となり、その後家臣に下賜され、藩政末期に金沢の（　　）に渡った。

① 横山家　　② 本多家

③ 山川家　　④ 中村家

問 23

砂張と称する（　　）との合金で造られる銅鑼の制作技術により、初代魚住為楽は、1955（昭和30）年、重要無形文化財保持者（人間国宝）に認定された。

① 銅と銀　　② 銅と錫

③ 銅と鉛　　④ 銅と鉄

問 24

かつて湯涌温泉にあった白雲楼ホテルの300畳の大広間には（　　）筆の豪壮華麗な襖絵が威容を誇っていた。

① 相川松瑞　　② 紺谷光俊

③ 宮本三郎　　④ 広田百豊

答 21

④ 鐙師

　江戸時代、加賀象嵌の系統には装剣金工と馬具の鐙とがあった。象嵌鐙には多様な系譜があり、前田家が京都から招聘した家門が互いに競う中、加賀の鐙は、他産地に抜きん出た技と美を醸成させていったと思われる。加賀象嵌の鐙はデザインの宝庫で、しかも洗練されたセンスは傑出している。

答 22

③ 山川家

　色絵雉香炉は野々村仁清作で、1951（昭和26）年国宝に指定された。尾を水平に伸ばした雄雉が色彩豊かに表現されている。1958（昭和33）年に山川庄太郎氏から石川県に寄贈された。山川氏は戦時中、自宅の土蔵に防空壕を掘り、金庫の中に雉香炉を入れ、自宅から一歩も離れなかったという逸話がある。

答 23

② 銅と錫

　初代魚住為楽は本名・安太郎という。大阪で仏具製作のかたわら砂張の鈴を製作、次いで砂張の銅鑼の鋳造を独自に研究し、展覧会に出展した。砂張は取り扱いが難しいが、魚住は茶道具にも数々の優れた作品を残し、注目を集めた。砂張の加工技術は魚住家に伝承されている。

答 24

① 相川松瑞

　相川松瑞（1894－1969年）は、石川県立工業学校中退後上京、関東大震災の後、金沢へ帰り、金城画壇設立に参加し画壇の中心人物となって活躍した。白雲楼ホテルは、1932（昭和7）年開業し、かつては東洋一といわれた。本館洋食堂の壁面には洋画家宮本三郎の大作「日本の四季」があり、品格を高めていた。

問
25

加賀藩では、染絵を衣服の紋所に施すことがあり、その多くは彩色の上絵をもって花丸などを描き出したもので、これを(　　)と称した。

① 加賀紋　　② 色紋

③ 染紋　　　④ 友禅紋

問
26

狩野探幽門下の久隅守景は、優れた(　　)を多数描いたことで知られ、3代藩主利常の時代、金沢を訪れたことがある。

① 都市風俗図　　② 竹林賢人図

③ 帝鑑図　　　④ 四季耕作図

問
27

染色作家の中儀延は、華やかな加賀友禅の陰に隠れていた(　　)を復興してよみがえらせた功績が評価されている。

① 草木染　　② 加賀梅染

③ 加賀小紋　④ 加賀繡

問
28

加賀前田家伝来の古文書や美術工芸品などのコレクションである「尊経閣文庫」の分館は、金沢の(　　)にある。

① 県立歴史博物館　　② 県立美術館

③ 県伝統工芸館　　　④ 県立図書館

答 25

① 加賀紋

加賀紋は、色差しした美麗な紋で、江戸時代から加賀国の人が多く用いたところから言う。定紋の周囲を模様が囲む飾り紋で、模様は糸目糊が施された友禅で華やかな草花、吉祥柄が多いなどの特徴がある。加賀友禅とほぼ同時期の江戸半ばに発祥したとされているが、時代により技法などが異なる。

答 26

④ 四季耕作図

久隅守景の生没年など、生涯の詳細については不明な点が多いが、狩野探幽門下の傑出した画家として知られる。17世紀後半に少なくとも2度加賀の地を訪れ、名作を描いたと考えられている。後年何らかの確執があって探幽の門を去り、守景は加賀の地で画業を開花させた。

答 27

③ 加賀小紋

中儀延(1895－1981年)は、金沢市河原町(現片町)生まれ。国本亀次郎、津沢三次に弟子入りし技を磨いた。日本伝統工芸展で活躍するなど加賀小紋を芸術的に高め、1968(昭和43)年には正会員となった。78(同53)年には石川県指定無形文化財保持者となり、加賀小紋染の第一人者として活躍した。

答 28

② 県立美術館

東京都目黒区駒場の財団法人前田育徳会は、別称を「尊経閣文庫」といい、前田家に伝来した典籍、古文書、美術工芸品などの文化財を所有し、保存・管理している。石川県立美術館は、同会から約400点の保管委託を受け、同館2階で展示替えしながら前田育徳会尊経閣文庫分館として公開している。

美術工芸

7

問 29

室町時代、(　　)と呼ばれる無地の染物が加賀の特産として、進物用にも盛んに使われ、これらは加賀染として他国からも知られていた。

① 黒染　　② 梅染

③ 藍染　　④ 茶染

問 30

1970(昭和45)年に木工芸の重要無形文化財保持者に認定された金沢出身の(　　)は、江戸時代の技法である砂磨法（すなみがきほう）を研究し、自らの作品に再現した。

① 橋本仙雪（せんせつ）　　② 魚住為楽（いらく）

③ 氷見晃堂（こうどう）　　④ 宮崎寒雄（かんち）

問 31

金城画壇展は1924(大正13)年に創設されたが、洋画部の代表として画壇に新風を吹き込んだのは翌1925年に東京から帰郷した(　　)であった。

① 高光一也　　② 飛鳥哲雄（あすか）

③ 宮本三郎　　④ 佐々木三六（さんろく）

問 32

金沢生まれの(　　)大垣昌訓（しょうくん）は、明治から昭和初期にかけて活躍した名工である。

① 木彫家　　② 陶芸家

③ 蒔絵師　　④ 染色家

答
29

② 梅染

加賀には、加賀友禅以前に独自の発達をした無地染めがあった。加賀絹を梅の樹皮や根を細かく砕いてつくった染液で染めた「梅染」であり、独特な染色技術として注目されていた。この工程を何度か繰り返して、少し黒みのある色に仕上げた「黒梅染」などもよく知られた。

答
30

③ 氷見晃堂

氷見晃堂(1906-1975年)は、手職を身につけさせたいという父と祖父の考えで指物師北島伊三郎の下で修業し、木工家池田作美に師事した。1926年に復活させた砂磨法とは、木材を砂で磨き、柔らかい部分をすり減らし、硬い年輪の部分を浮き上がらせる技法である。戦後は金銀線縮れ象嵌を考案した。

答
31

② 飛鳥哲雄

飛鳥哲雄(1895-1997年)は本名高橋鉄雄。石川県立工業学校図案絵画科を経て、東京美術学校図案科を卒業、岡田三郎助に師事した。1925(大正14)年に母校県立工業学校に赴任し、金沢洋画研究所を設立した。1930(昭和5)年に再上京するまで、金城画壇洋画部の中心的存在だった。

答
32

③ 蒔絵師

大垣昌訓(1865-1937年)は、子来町の高田茂三郎に師事し、1889(明治22)年頃に独立した。独自の技法や意匠を開発し、その一つが「大垣七宝」で、加賀蒔絵に新風を吹き込んだ。内外の博覧会、展覧会で受賞を重ね、宮内省の御用も多く手がけ、数々の献上品を制作した。

問1

金沢は芸能が盛んで、古くから三弦の製作も行われている。三弦とは（　　）である。

① 琵琶　　② 琴　　③ 大正琴　　④ 三味線

問2

金沢市指定無形文化財の「金沢素囃子」の舞台では、上段に三味線を弾く「（　　）」、下段に太鼓、小鼓、大鼓、笛の「囃子方」が並んで演奏する。

① 撥方　　② 地方　　③ 大夫　　④ 立方

問3

1988（昭和63）年に国内初の常設プロフェッショナル室内管弦楽団として設立されたオーケストラ・アンサンブル金沢（ＯＥＫ）の初代常任指揮者は（　　）である。

① 岩城宏之　　② 井上道義
③ 天沼裕子　　④ 尾高忠明

問4

藩祖利家は、能を好む豊臣秀吉の影響を受け金春流の能をたしなみ、1593（文禄2）年の（　　）能では自ら「源氏供養」「江口」を舞った。

① 勧進　　② 禁中　　③ 陣中　　④ 城中

答 1

④ 三味線

三弦すなわち三味線は琴とは違い、演じられる芸能により使い分ける。そのため、地唄、長唄、小唄、民謡用など多様な仕様が求められ、それぞれ棹の太さが異なる。演奏方法として撥を使うことが多いが、小唄など爪弾きといって、指でしっとりと音量を抑えながら奏でる方法もある。

答 2

② 地方

お囃子のみを独立させ、唄や舞の入らない演奏形式を素囃子といい、「金沢素囃子」は金沢市指定無形文化財である。使用する楽器は弦楽器の三味線、鳴物楽器の太鼓、小鼓、大鼓、笛である。舞台では、上段に三味線の「地方」、下段に太鼓、小鼓、大鼓、笛の「囃子方」が並び演奏する。

答 3

③ 天沼裕子

オーケストラ・アンサンブル金沢（OEK）は、石川県立音楽堂を本拠地に定期演奏会を行っている。常設のプロフェッショナル室内管弦楽団としては日本最初の存在で、初代音楽監督の岩城宏之（2006年死去）の推挙により、1989年1月、天沼裕子が初代常任指揮者に就任した。

答 4

② 禁中

能に耽溺した秀吉は武将らを率い禁中（御所）で能を自演し公家に鑑賞させるほどであった。四座（観世・金春・宝生・金剛）の役者らに扶持を与えて保護し、とりわけ金春八郎大夫をひいきにしたため、利家も金春流をたしなんだ。宝生流に軸足を移したのは5代藩主綱紀の時代である。

問5

加賀藩の能役者には、能を専業とする家柄の（　　）役者と、町人が家業と兼ねる町役者らがいた。

① 藩付(はんづけ)　② 城中　③ 御手(おて)　④ 家格

問6

金沢市指定無形文化財である「加賀宝生能(か が ほうしょうのう)」の後継者育成のため、市が小学校３年生以上を対象に開いている「加賀宝生子ども塾」の修了生で構成するのは「（　　）会」である。

① 桜雲(おううん)　② 梅鴬(ばいおう)　③ 若鮎　④ 兼六

問7

金沢ゆかりの能の番組「鉢木(はちのき)」は、鎌倉時代に旅僧の姿で一夜の宿を請うた幕府執権の北条(ほうじょう)（　　）を貧しい武士が愛蔵の木を焚(た)いてもてなし、領地を与えられた物語を描いている。

① 貞時(さだとき)　② 泰時(やすとき)
③ 時宗(ときむね)　④ 時頼(ときより)

問8

寺中町の大野湊神社に能舞台を造営し、神事能を再興したのは（　　）である。

① ２代藩主利長　　② ３代藩主利常

③ ４代藩主光高　　④ ５代藩主綱紀

答5

③ 御手

御手役者には、京都の竹田権兵衛家（金春流）、江戸の宝生嘉内家（宝生流）、金沢の諸橋家（喜多流から宝生流に転向）、波吉家（金春流から宝生流に転向）などがあり、町役者には現在も活躍している飯島六之佐家（大鼓方）などがあった。このほか御細工所の職人も能役者を務めた。

答6

② 梅嵩

「加賀宝生子ども塾」の修了生で構成する会は、能の「梅嵩会」のほかに、狂言の「おかし研祐会」があり、いずれも2014（平成26）年には北國あすなろ賞を受けている。金沢百万石まつりの薪能や「加賀宝生子ども塾」の発表会に出演し、伝統文化の継承や国内外への発信に貢献している。

答7

④ 時頼

武士の名は佐野源左衛門常世で、感銘を受けた北条時頼が、鉢の木にちなんで金沢の梅田町などを領地として与えた話である。古典文学作品の「太平記」を典拠としている。このほか金沢市鳴和町にゆかりの能として義経・弁慶主従らが安宅の関を苦労して抜ける物語「安宅」がある。

答8

① 2代藩主利長

利長が1600（慶長5）年の関ケ原の戦いで戦勝し、その記念として同9年に能舞台を寄進した。現在の能舞台は1907（明治40）年に建てられたもので、見所に桟敷や外囲いを設けず、住民らが随意に観賞できることが特徴とされ、伝統と地域的特色の濃い神事能として評価されている。

問9

金沢城二の丸御殿にあった能舞台を活用した（　　）神社の拝殿は、2004（平成16）年に国登録有形文化財となった。

① 犀川　　　② 長田菅原

③ 豊田白山　　④ 中村

問10

石川県立能楽堂の舞台の床下には、音響効果を良くする目的で（　　）焼の大甕（がめ）11個が埋められている。

① 九谷　　② 珠洲　　③ 信楽（しがらき）　　④ 瀬戸

問11

石川県立能楽堂の鏡板（かがみいた）の老松（おいまつ）は、大正から昭和にかけて活躍した金沢出身の日本画家（　　）が描いた。

① 吉田 秋光（しゅうこう）　　② 田村彩天（さいてん）

③ 畠山錦成（きんせい）　　④ 玉井敬泉（けいせん）

問12

能楽狂言方和泉流の名跡となっている（　　）は、金沢ゆかりである。

① 野村万蔵家　　② 山本東次郎家

③ 鷺仁右衛門家（さぎにえもんけ）　　④ 茂山千五郎家

答9

④ 中村

中村神社の拝殿は、桃山風建築様式で総ケヤキ造りである。欄間には金沢の春日山に民山窯を築いた、木彫と焼き物の名匠である武田友月の作と伝わる一本彫りの龍が四方に配され、塗格天井には極彩色の絵があしらわれ、重厚に組まれた黒漆の格子には金の金具が使われている。

答10

② 珠洲

近年まで、能舞台の床下は土を固め、そこに穴を掘り焼き物の大甕を置くのが決まりで、石川県立能楽堂の場合は珠洲焼の甕を使っている。床下の甕は、謡や囃子、足拍子の音が澄んで響くように共鳴させるものだと言われてきたが、最近では甕が余分な周波数成分を吸収するため、良い音が得られると考えられている。

答11

④ 玉井敬泉

玉井敬泉は1889(明治22)年、金沢市下堤町に生まれた。石川県立工業学校を卒業し、文展など公募展で活躍した。白山をこよなく愛したことから「白山の画家」として知られている。吉田、田村、畠山とも金沢出身で、大正－昭和にかけて活躍した日本画家。畠山は金沢美専設立に尽力した。

答12

① 野村万蔵家

野村万蔵家は江戸時代中期に加賀藩前田家の町役者となり、和泉流狂言の頭取を務めた。明治になって藩の後ろ盾がなくなり、5世万蔵が上京し、以後は東京で活躍の場を広げた。狂言方もかつては様々な流派があったが、現在、公益社団法人能楽協会に加盟する狂言方は和泉、大蔵の2流である。

問 13

毎年秋に開かれる(　　)では、ひがし、にし、主計町の三茶屋街の芸妓衆が演奏や踊りを繰り広げる。

① 百万石おどり　　② 金沢おどり

③ 尾山おどり　　④ 三茶屋おどり

問 14

百万石まつりの一環で開催される百万石茶会の献茶式は(　　)神社で執り行われる。

① 尾山　　② 金澤

③ 大野湊　　④ 猿丸

問 15

全国でも珍しい、公募した茶道具を実際の茶席で使用する大寄せの茶会は(　　)である。

① 百万石茶会
② 加賀・梅鉢茶会
③ 金沢城・兼六園大茶会
④ 春の市民茶会

問 16

「(　　)」と呼ばれる美意識を確立した大名茶人・小堀遠州は、3代藩主利常、4代藩主光高父子を熱心に指導した。

① わびさび　　② 綺麗さび

③ 閑かさび　　④ 七宝さび

答 13 ② 金沢おどり

秋に行われる「金沢おどり」は、金沢の秋を彩る
メイン行事で、ひがし、にし、主計町の三茶屋街の
芸妓衆が共演する。2004（平成16）年から実施され
ており、全国的にも有名となった。フィナーレは、
直木賞作家の村松友視が作詞した総踊り「金沢風雅」
で締めくくられる。

答 14 ① 尾山

百万石茶会の前身は兼六園茶会で、1957（昭和
32）年の百万石まつりに初めて市民対象の大寄せの
茶会として開かれた。初日に金城霊沢でお水とりの
儀式、成巽閣で茶筅供養、尾山神社で献茶式が行われ、
2日目から3日目にかけて兼六園およびその周辺の
茶室などで茶道各流派による茶会が開催される。

答 15 ③ 金沢城・兼六園大茶会

日本三大茶会の一つである金沢城・兼六園大茶会
の特徴は、文化勲章受章者、日本芸術院会員、人間
国宝らわが国工芸界を代表する作家の新作から若手
作家の入選作までが使用される。石川県内在住作家
だけで、各茶席の茶道具から床飾りまでをしつらえ
ることができるのも"工芸王国"ならではと言える。

答 16 ② 綺麗さび

小堀遠州は京都の伏見奉行を務めながら茶人とし
ても活躍した大名。千利休の茶の湯と異なる、古典
美を発揚した茶法は藤原定家を敬慕するところから
出た王朝趣味に基づくとされる。利常、光高父子が
「遠州好み」の茶の湯に傾倒した様子は書簡や聞き書
きなどに残されている。

問 17

加賀藩士の多賀宗乗が家元を務めた茶道流派は、（　　）流である。

① 宗和　　② 藪内

③ 遠州　　④ 宗徧

問 18

3代藩主利常が徳川家から拝領し、5代藩主綱紀が再び徳川家に献上した唐物茶入は、以前に所有していた大名の名前から（　　）の銘がついた。

① 京極茄子　　② 上杉瓢箪

③ 金森丸壺　　④ 畠山肩衝

問 19

金沢のアマチュア演劇運動が軌道に乗るのは、1927（昭和2）年4月に松永敏が（　　）を結成してからのことである。松永は戦後、革新系の政治家としても活躍した。

① トルコ座　　② 世紀座

③ 芸術座　　④ 前衛劇場

問 20

現在の加賀万歳の基礎となったのは、藩政時代後期に宝生流能楽師の大石藤五郎が越前万歳の舞や歌詞を発展させた（　　）万歳である。

① 越　　② 能

③ 謡　　④ 地

答17

① 宗和

江戸時代初期の1625（寛永2）年、茶道宗和流の祖である金森宗和の子・七之助方氏が3代藩主利常に仕えた。宗和は前田家に野々村仁清の茶道具を贈るなどし、交流を深めた。宗和流7代知直が死去した後、加賀藩士の多賀宗乗が8代を継ぐことになった。

答18

② 上杉瓢箪

ひょうたんの形をした茶入。豊臣秀吉の五大老の一人上杉景勝が秀吉から拝領し、景勝の跡を継いで米沢藩主となった定勝の死後、嫡子の綱勝から徳川家に献上された。前田家を経たあと、徳川家から紀州徳川家が拝領し、同家に長く伝来した。現在は野村美術館（京都）に所蔵されている。

答19

① トルコ座

昭和初期には金沢でも多くの劇団が誕生した。トルコ座は、金沢における最初の新劇劇団で、第1回公演として粟崎遊園で「レ・ミゼラブル」を上演した。前衛劇場は1928（昭和3）年5月に結成され、トルコ座が合流した。こちらは同年6月に第1回公演を尾山倶楽部で上演している。

答20

④ 地

金沢市指定無形民俗文化財の加賀万歳は、藩祖利家が越前府中にいた頃に領内野大坪の農民たちが正月に演じた越前万歳がルーツである。19世紀初めの文化・文政頃になって、宝生流能楽師の大石藤五郎が舞や歌詞を発展させ洗練させた地万歳が現在の加賀万歳の基礎になっていると言われる。

問 21

加賀万歳が上演される時に最初に行われる祝言は（　　）である。

① 町尽くし　　② 式三番叟

③ 曲舞　　④ 流し

問 22

1856（安政3）年、金沢では13代藩主斉泰の（　　）昇叙を記念する祝賀能が盛大に催された。

① 大納言　　② 中納言

③ 参議　　④ 中将

問 23

金沢の踊り流し曲の定番となっている「（　　）」は、「栄冠は君に輝く」などを作曲した古関裕而と、「高校三年生」などで知られる作詞家丘灯至夫が手がけた。

① 百万石音頭　　② 金沢ホーヤネ

③ 加賀ばやし　　④ いいね金沢

問 24

室生犀星や桜橋などが登場する（　　）の「金沢望郷歌」は五木寛之が作詞し、有線の全国総合チャートで1位になったご当地ソングである。

① 谷村新司　　② 松原健之

③ 牧村三枝子　　④ 川中美幸

答 21

② 式三番叟

式三番叟は、長寿などを祝う祝言で、必ず最初に行われる。加賀万歳は御殿万歳、座敷万歳と言われ、屋内で演じられる。主人の太夫は侍烏帽子に紋付き袴、大紋素袍、小刀をつけ、扇を持っている。従者の才蔵は、流しの場合は真っ赤な大黒頭巾、番物の時は角長のかます帽をかぶって掛け合う。

答 22

② 中納言

斉泰は、1855（安政2）年12月に権中納言に任ぜられた。翌年、江戸から金沢へ帰ると、5月から6月にかけ祝賀能が盛大に催され、斉泰自身も能を演じた。5代藩主綱紀の頃に武家官位が整えられた後、前田家の極官（最高官位）は従三位参議（宰相）までだったが、斉泰は正三位権中納言（後に正二位）にまで昇進した。

答 23

① 百万石音頭

「百万石音頭」は、1954（昭和29）年にコロムビアが全国の盆踊り用レコードとして46種を一挙に発売したうちの1曲である。今でも、百万石まつりはもちろん、8月のお盆時期になると、金沢の各地区盆踊りで踊られる。百万石の雄大さを格調高く唄い上げる民謡である。

答 24

② 松原健之

金沢には多くのご当地ソングが ある。「金沢望郷歌」は、2005（平成17）年9月21日にテイチクレコードから発売された松原健之のデビュー曲で、作詞は五木寛之、作曲は弦哲也。金沢市の名所、特産、ゆかりの人物などが多数登場する。五木寛之は2002（平成14）年にも「浅野川恋唄」を作詞している。

泉鏡花の「(　　)」は、生誕地である下新町を描いた代表作として知られている。

① 婦系図　　② 歌行燈

③ 黒猫　　　④ 照葉狂言

泉鏡花作「義血侠血」のヒロイン滝の白糸は、会いたいと熱望していた青年村越欣弥と(　　)で再会し、将来を誓い合う。

① 見世物小屋の楽屋　　② 天神橋

③ 梅の橋　　　　　　　④ 兼六園

問3

東山の蓮昌寺を舞台にした泉鏡花の「(　　)」について、「永遠不朽の女性美の神秘を、白昼の幻想の裡に垣間見た詩」だと評したのは三島由紀夫である。

① 高野聖　　　② 眉かくしの霊

③ 天守物語　　④ 縷紅新草

問4

泉鏡花の「化鳥」の舞台となったのは、浅野川にかかる現在の(　　)である。近年は、天神橋という説もある。

① 中の橋　　② 浅野川大橋

③ 梅ノ橋　　④ 天神橋

答1

④ 照葉狂言

「照葉狂言」は、鏡花が生まれ育った下新町界隈の静かなたたずまいが描かれ、主人公の貢とその仲間たちが久保市乙剣宮の境内に集まって遊ぶという設定。物語に登場する少年と年上女性の間に、鏡花らしい母性思慕の主題がうかがえる。照葉狂言とは能狂言に歌舞伎などの要素を加えた芸能である。

答2

② 天神橋

1894（明治27）作の「義血侠血」は水芸の太夫・滝の白糸（水島友）と村越欣弥の義侠心ゆえの悲劇が描かれている。浅野川に架かる天神橋で欣也と再会した滝の白糸は欣弥の学資を得るため、兼六園で殺人を犯し、検事となった欣弥の前で死刑を宣告される。新派の「滝の白糸」の原作となった。

答3

④ 縷紅新草

三島由紀夫は中央公論社版「日本の文学4」の解説で、鏡花文学を「貧血した日本近代文学の砂漠の只中に、咲きつづける牡丹園」と絶賛し、「縷紅新草」を高く評価した。「縷紅新草」は絶筆となった作品で、赤トンボが登場して物語の鍵となる。馬場小学校の前庭に立つ「文学の故郷碑」に一節が刻まれている。

答4

① 中の橋

「化鳥」は1897（明治30）年、鏡花が23歳の時に発表した短編小説である。橋銭（通行料）を頼りに仮橋のたもとに、母と2人で住む少年の一人称語りの作品である。中の橋は橋を渡る際、一文の橋銭を支払ったことから「一文橋」とも呼ばれた。橋のたもとには「化鳥」の文学碑が建つ。

問5

泉鏡花とゆかりが深い東京都文京区の湯島天満宮には、鏡花の(　　)がある。

① 句碑　　② 墓

③ 筆塚　　④ 銅像

問6

泉鏡花の「金沢もの」の集大成とされる自伝的小説「(　　)」は、川端康成が高く評価した。

① 夜行巡査　　② 春 昼 (しゅんちゅう)

③ 薬草取 (やくそうとり)　　④ 由縁の女 (ゆかり)

問7

徳田秋声は小説「仮装人物」によって第1回(　　)を受賞した。

① 菊池寛賞　　② 川端康成文学賞

③ 文藝賞　　④ 文學界新人賞

問8

徳田秋声の旧宅は東京の(　　)区に現存する。

① 世田谷　　② 文京

③ 練馬　　④ 渋谷

③ 筆塚

　鏡花は1890(明治23)年、上京し、湯島天神下
(現・湯島3丁目)に住んだ。湯島天満宮は鏡花の「湯
島詣」や「婦系図」の舞台となった場所で、新派の
演劇でも数多く上演された。筆塚は鏡花没後3年の
1942(昭和17)年に境内に建立され、鏡花が生前愛
用した筆や硯、墨などの遺品が納められた。

④ 由縁の女

　1919(大正8)年から21年に出された泉鏡花の長
編小説で、金沢の情景が数多く登場する。作中で浅
野川を「女川」と表現したことでも知られる。川端
康成は作中のお光、お楊、露野の「どれもがこの世
ならぬ美しさ」とし、「最も傑れたものの1つである」
と絶賛している。

① 菊池寛賞

　「仮装人物」は、秋声が老年の情熱を傾けた秋田県
出身の女流作家・山田順子との恋愛を告白した晩年
の代表作である。1939(昭和14)年、第1回菊池寛
賞を受賞した。冒頭の仮装舞踏会の場面で、主人公
が被ったとされるサンタクロースの面は秋声の遺品
として徳田秋聲記念館などに収蔵されている。

② 文京

　1906(明治39)年、秋声35歳のころ文京区本郷に
転居した。現在は東京都の指定史跡。「新世帯」「黴」
など数多くの名作がそこで書かれ、終の棲家となっ
た。その庭に今も生い茂る竹は、同じく庭造りの趣
味を持つ室生犀星から贈られたもので、秋声は真っ
すぐに伸びるその性質を愛した。

徳田秋声の下に集う若手作家で発足させた「秋声会」の機関誌は「(　　)」である。

① 足迹
あしあと

② あらくれ

③ 新世帯
あらじょたい

④ 挿話
そうわ

歌舞伎や浄瑠璃を好んだ幼少期の徳田秋声が通った芝居小屋「浅野川馬場芝居」は現在の(　　)近くにあった。

① 小橋

② 天神橋

③ 梅ノ橋

④ 常盤橋
ときわ

川端康成は、徳田秋声を「日本の小説は(　　)にはじまって西鶴に飛び、西鶴から秋声に飛ぶ」と高く評価した。

① 竹取

② 源氏
さいかく

③ 今昔

④ 平家

犀川大橋のたもとには、室生犀星が育った(　　)がある。

① 天徳院

② 観音院

③ 雨宝院

④ 伏見寺

答 9

② あらくれ

秋声は1930(昭和5)年ごろから、スランプでほとんど文筆を執れない状態となった。32年、室生犀星や尾崎士郎、井伏鱒二らが「秋声会」(後の「あらくれ会」)を発足させ、その年の7月に「あらくれ」を創刊した。秋声門下第一の女性作家である富山市出身の小寺菊子も「あらくれ」に多数寄稿した。

答 10

① 小橋

「浅野川馬場芝居」は、1869(明治2)年の卯辰山望湖台入口開発で山上に造った劇場を浅野川べりへ移したもの。71(同4)年に興行が始まり、84(同17)年に「戎座」と改称、95(同28)年ごろまで存在した。場所は小橋からほど近い、かつて藩士たちの馬場があった東馬場町(現・東山3丁目)だった。

答 11

② 源氏

川端康成が1947(昭和22)年11月、卯辰山に建つ徳田秋声文学碑の除幕式前日の記念講演会で強調した発言である。秋声の文学は平安朝の「源氏物語」から藩政期の井原西鶴に至るような散文芸術の王道に位置しているとして、川端が尊敬していた秋声に贈った最大級の賛辞である。

答 12

③ 雨宝院

室生犀星は1889(明治22)年、裏千日町(現・千日町)に生まれる。生後まもなく、生家近くの真言宗寺院・雨宝院住職だった室生真乗の内縁の妻・赤井ハツに養子として育てられる。寺内には遺品や直筆の原稿、犀星が書いた寺院宛の手紙など、ゆかりの品々が展示されている。

問13

室生犀星が1959（昭和34）年度野間文芸賞を受賞した小説「（　　）の日記遺文」は、平安時代の女流日記を題材にしている。

① かげろふ　　　② 紫式部

③ さらしな　　　④ いずみ

問14

室生犀星の小説「性に眼覚める頃」に登場する、犀星の親友（　　）は、才能に恵まれながらも若くして亡くなった。

① 山村暮鳥　　　② 尾山篤二郎

③ 表棹影　　　④ 萩原朔太郎

問15

室生犀星が懸命に生きる庶民の姿を生き生きと描いた「市井鬼もの」の代表作は「（　　）」である。

① 杏っ子　　　　② あにいもうと

③ つくしこひしの歌　　④ 女ひと

問16

「大正の歌麿」と呼ばれた竹久夢二が、金沢の湯涌温泉に伴った恋人の名前は（　　）だった。

① たまき　　　② お葉

③ 彦乃　　　④ 順子

答
13

① かげろふ

「かげろふの日記遺文」は「王朝もの」の最高峰であり、藤原道綱母の「蜻蛉日記」を題材にしている。野間文学賞を受賞した犀星は、その賞金を活用して自らの文学碑を軽井沢に建て、亡き妻のために「とみ子発句集」の発行費に充てた。さらに室生犀星詩人賞を設定して若い詩人の育成を図った。

答
14

③ 表棹影

表棹影は1891（明治24）年、金沢市西町に生まれた。幼くして父を亡くし、印刷会社に勤めながら短歌や詩、小説を発表。犀星や尾山篤二郎らと二葉会、北辰詩社を興したが、夭折した。「性に眼覚める頃」では、主人公の「私」が女性にも文学にも早熟な棹影の才能に驚く。

答
15

② あにいもうと

1934（昭和9）年に発表された短編小説「あにいもうと」は、第1回文芸懇話会賞を受賞するなど高く評価された。赤座もんを主人公に、元々仲が良かったが、妹の妊娠を機に激しく対立する兄妹の複雑な愛情を描いている。1936（同11）年、53（同28）年、76（同51）年に映画化された。

答
16

③ 彦乃

竹久夢二は1907（明治40）年1月、金沢市味噌蔵町生まれの岸たまきと結婚し、妻をモデルにした美人画で人気を博した。離婚後、1917（大正6）年、恋人笠井彦乃と次男不二彦を伴い、金沢を訪れ、湯涌温泉に滞在した。湯涌を描く作品に、歌集「山へよする」、小説「出帆」がある。

問17

石川県出身者で、杉森久英、桐野夏生の次に直木賞を受賞したのは、金沢出身の（　）である。

① 水芦光子　　② 唯川恵

③ 戸部新十郎　　④ 松尾由美

問18

島田清次郎の作で大正時代のベストセラー小説の一つ「地上」は、母とともに西茶屋街の（　）に移り住む中学生大河平一郎の青春を描いた作品である。

① 吉米楼　　② 春風楼

③ のとや　　④ 杉乃家

問19

「加賀の三太郎」と称された鈴木大拙（貞太郎）、西田幾多郎、藤岡作太郎が最初に同級生になった学校は、第四高等中学校の前身にあたる（　）である。

① 明倫堂　　② 金沢英語学校

③ 石川県師範学校　　④ 石川県専門学校

問20

馬場小学校にある「文学の故郷碑」の碑文は（　）の書として知られる。

① 三島由紀夫　　② 森鴎外

③ 川端康成　　④ 谷崎潤一郎

答 17

② 唯川恵

唯川恵は金沢市桜町に生まれ、金沢女子短大(現・金沢学院短大)卒。地元の銀行などに勤務しながら小説を書き始め、「海色の午後」で第3回集英社コバルト・ノベル大賞を受賞し作家デビュー、ティーンズ小説ブームの立役者の一人となった。「肩ごしの恋人」で2001(平成13)年度の直木賞を受賞した。

答 18

② 春風楼

美川町(現・白山市)生まれの島田清次郎は父を海難事故で亡くした後、5歳の時、金沢に出てきた。母方の祖父が経営する茶屋「吉米楼」の一室を借りて生活し、母は芸妓たちの針仕事をして生計を立てた。吉米楼は「地上」で「春風楼」となっている。吉米楼があった場所は金沢市西茶屋資料館が建つ。

答 19

④ 石川県専門学校

石川県専門学校は藩校「明倫堂」の流れをくみ、1881(明治14)年に設立された。鈴木、西田、藤岡のほか、金沢出身で旧制武蔵高校(東京)の校長を務めた山本良吉、第21代東京府知事の井上友一らがここで学んだ。1887(明治20)年、帝国大学令によって官立の第四高等中学校となった。

答 20

③ 川端康成

文学碑「文学の故郷」は、1970(昭和45)年に馬場小創立100周年事業の一環で建立されたもので、泉鏡花の「縷紅新草」、徳田秋声の「光を追うて」、尾山篤二郎の「雪客」の各一節が印されている。「文学の故郷」の碑文を手掛けた川端康成は、石碑が落成された時、自ら来校している。

問21

金沢出身の姉妹が、レコード会社の部長をしている男に惹かれていく、五木寛之の恋愛小説は「（　　）」である。

① 水中花　　② 恋歌(こいうた)
③ 白夜物語(びゃくや)　　④ 幻(まぼろし)の女(おんな)

問22

金沢で（　　）が創刊、主宰した俳誌「風」は、会員3000人以上の全国誌に発展した。

① 山田良行(りょうこう)　　② 金子兜太(とうた)
③ 鶴彬(つるあきら)　　④ 沢木欣一(きんいち)

148

問23

終戦前後の1945（昭和20）年から翌年の金沢を描いた曽野綾子(あやこ)の小説「黎明(れいめい)」には、旧制（　　）に編入した作者の体験が反映している。

① 第一高等女学校　　② 第二高等女学校
③ 金城女学校　　④ 北陸女学校

問24

金沢生まれで金沢医専薬学部を卒業した作家（　　）は、上京後「大学出の兵隊さん」で一躍流行作家となり、流行語を使い、新風俗を描いた作品でユーモア小説の草分けとなった。

① 橘(たちばな)外男　　② 大井冷光(れいこう)
③ 奥野他見男(たみお)　　④ 山田克郎(かつろう)

文学・文芸

9

② 恋歌

「恋歌」は1967(昭和42)年から68年にかけて北國新聞などに連載された五木寛之最初の新聞小説。金沢出身の姉妹が、レコード会社の学芸部長をしている井沢信介という男に惹かれていく。姉妹と信介の妻のひたむきな生き方の中に、現代の愛の可能性を追求した作品である。

④ 沢木欣一

沢木欣一は富山県出身で、旧制四高を経て東大国文科を卒業。従軍後、金沢に復員、石川師範学校や金沢大学の講師となった。全国の若い俳人に呼び掛けて1946(昭和21)年5月、金沢で「風」を創刊、主宰した。1969(同44)年から32年間、北國俳壇選者。長く俳人協会会長を務めた。

② 第二高等女学校

曽野綾子は1945(昭和20)年5月から翌年3月まで、金沢に疎開した。寺町の料亭望月の2階を借り、県立第二高等女学校に編入、勤労動員で飛行機の部品の仕上げ工として働いた。「黎明」は10カ月間の金沢生活(13、14歳)を含め、自身が受け止めた戦争と家族を描いた自伝的な作品である。

③ 奥野他見男

奥野他見男は新竪町小、金沢二中卒。金沢医専薬学部(現・金大医薬保健学域)入学の翌年、北國新聞連載の「凸坊の日記」を刊行。大正末年から昭和初年が最も創作活動の盛んな時期で、「学士様なら娘をやろか」「青春よさらば」など約40の著書がある。少年向けの雑誌にも執筆している。

問 25

旧制四高出身の作家（　　）はたびたび室生犀星の支援を受けており、堀辰雄らと同人誌「驢馬」を創刊する際も援助を受けた。

① 森山啓（けい）　② 杉森久英（ひさひで）

③ 中野重治（しげはる）　④ 井上靖（やすし）

問 26

中学、高校時代を金沢で過ごし、夭折（ようせつ）した女性詩人（　　）は、没後に刊行された詩画集「量られた太陽」や「黒いミサ」、詩集「白壁の花」などで知られる。

① 水芦光子（みずあしみつこ）　② 長沢美津（みつ）

③ 永瀬清子　④ 広津里香（りか）

問 27

明治末期から昭和初期にかけて、北陸俳壇の双璧と言われた俳人は（　　）と太田南圃（なんぽ）である。

① 桂井未翁（みおう）　② 藤井紫影（しえい）

③ 小松砂丘　④ 河越風骨（ふうこつ）

問 28

中原中也（ちゅうや）の随筆「金沢の思ひ出」には、兼六園の（　　）を見て涙を流したことなどが描かれている。

① 桜　② 噴水

③ 霞ケ池（かすみがいけ）　④ 日本武尊像（やまとたけるのみことぞう）

答 25

③ 中野重治

中野重治は1902(明治35)年、福井県坂井市生まれで、旧制四高に入学。校友会誌「北辰会雑誌」で短歌や詩、小説などを発表した。東京帝国大学独逸(ドイツ)文学科入学後、「驢馬」を創刊。プロレタリア文学運動の中心的存在で、参議院議員も務めた。代表作に「歌のわかれ」「むらぎも」などがある。

答 26

④ 広津里香

広津里香は1938(昭和13)年、東京生まれ。父の金沢大学教授赴任に伴い、中学・高校時代を金沢で過ごした。津田塾大学、東京大学などを経て27歳で早稲田大学大学院を修了したが、詩画集完成を目指して絵の制作中、悪性貧血により29歳で亡くなった。没後、石川近代文学館には絵画70点が寄贈された。

答 27

① 桂井未翁

桂井未翁と太田南圃は俳句会の北声会をけん引し、石川県近代俳壇の発展に寄与した。室生犀星は2人を「老俳友(ろうはいゆう)」と呼んで慕い、2人をモデルに「梨翁(りおう)と南枝(なんし)」という小説も書いている。富山県生まれの未翁は33歳の時に金沢に移り、後に北國俳壇の選者を務めた。

答 28

④ 日本武尊像

中原中也は1932(昭和7)年、18年ぶりに金沢を訪れ、4年後に書いた「金沢の思ひ出」には「それが朝の空に聳(そそ)り立つてゐるのを見付けた瞬間、愕然(がくぜん)と思ひ出した。それからその銅像の下に行つて休んだが、涙が出て来て仕方がなかつた。」とある。作品には神明宮での映画や軽業の思い出も綴(つづ)られている。

徳田秋声の葬儀で友人総代として弔辞を読み、秋声とともに「自然主義文学の四大家」に数えられた作家は（　　）である。

① 田山花袋<ruby>花袋<rt>かたい</rt></ruby>　② 正宗<ruby>白鳥<rt>まさむねはくちょう</rt></ruby>

③ 島崎<ruby>藤村<rt>とうそん</rt></ruby>　④ 志賀<ruby>直哉<rt>なおや</rt></ruby>

茶屋街に生きた芸妓<ruby>芸妓<rt>げいこ</rt></ruby>の生涯を通し、明治、大正、昭和の時代に息づく金沢を描いた「<ruby>廓<rt>くるわ</rt></ruby> のおんな」は（　　）の作品である。

① <ruby>芦田<rt>あしだ</rt></ruby>高子　② <ruby>水芦<rt>みずあし</rt></ruby>光子

③ 井上雪　④ 細見<ruby>綾子<rt>あやこ</rt></ruby>

明治半ば、28歳の時、創刊間もない「北國新聞」の編集顧問として金沢に赴任し、文芸評論や社会評論を発表した作家・評論家は（　　）である。

① 三宅<ruby>雪嶺<rt>みやけせつれい</rt></ruby>　② 石橋<ruby>忍月<rt>にんげつ</rt></ruby>

③ 鴨居<ruby>悠<rt>かもいゆう</rt></ruby>　④ 権藤<ruby>震二<rt>ごんどうしんじ</rt></ruby>

「雪の<ruby>喪章<rt>もしょう</rt></ruby>」で知られる水芦光子は、1946（昭和21）年に詩集「雪かとおもふ」を金沢の大地社から刊行した。高光一也の<ruby>装丁<rt>かずやそうてい</rt></ruby>で、<ruby>序<rt>じょ</rt></ruby>は（　　）、<ruby>跋<rt>ばつ</rt></ruby>は永瀬清子が寄稿している。

① 徳田秋声　② 伊藤武雄

③ 中野<ruby>重治<rt>しげはる</rt></ruby>　④ 室生犀星

答 29

② 正宗白鳥

正宗白鳥は岡山県出身の小説家、劇作家、評論家。日本近代文学大事典には、「自然主義文学の四大家」に秋声、田山花袋、島崎藤村、正宗白鳥を挙げている。秋声は8歳年下の白鳥と特に親しかったという。白鳥は1962（昭和37）年の室生犀星の葬儀でも弔辞を読んだ。

答 30

③ 井上雪

井上雪は金沢女子専門学校文科（現・金沢学院大学）卒。文化的土壌の豊かな金沢を舞台にした小説や随筆、俳句を数多く残した。「廓のおんな」は大宅壮一ノンフィクション賞佳作を受賞、その主人公との出会いを機に東本願寺（京都市）で得度した。「雪嶺文学」の創刊など後進の育成にも力を注いだ。

答 31

② 石橋忍月

石橋忍月は福岡県生まれ。東京帝大在学中から評論活動を始めた。北國新聞社には1893（明治26）年から95（同28）年2月ごろまで在社し、金沢出身の反骨のジャーナリスト桐生悠々の文才を見出した。尾張町界隈を舞台にした小説「束髪娘」など退社まで14作を連載している。

答 32

④ 室生犀星

水芦光子は金箔商を営んでいた実家の倒産で大阪に転住、1940（昭和15）年に上京した。23歳の時にかねてから憧れていた犀星に手紙を書き、師事するようになる。石川県第二高等女学校時代の先輩で詩人の永瀬清子との交流も深めた。戦中戦後は金沢に住み、雑誌「越路」の詩の選者にもなった。

問33

井上靖の小説「北の海」に登場する犀川の左岸にある坂は（　　）である。

① 蛤坂（はまぐり）　② 尻垂坂（しりたれ）

③ Ｗ坂　④ 馬坂

問34

「時代屋の女房」で1982（昭和57）年度の直木賞を受賞した村松友視（ともみ）には、金沢の茶屋街に伝わる芸能を題材にした「（　　）」などの作品がある。

① 犀川　② 闇笛（やみぶえ）

③ 浅野川　④ 加賀鳶（とび）

問35

（　　）は加賀俳壇の重鎮で、蕉門十哲（しょうもんじってつ）の１人として知られ、山の上町の心蓮社（しんれんしゃ）に墓がある。

① 立花北枝（ほくし）　② 堀麦水（ばくすい）

③ 桜井梅室（ばいしつ）　④ 成田蒼虬（そうきゅう）

問36

「おくのほそ道」の旅で金沢を訪れた芭蕉は、金沢の俳人（　　）を追悼し、「塚も動け我泣声は秋の風」と詠（よ）んだ。

① 鶴屋句空（くくう）　② 生駒万子（いこままんし）

③ 河合見風（けんぷう）　④ 小杉一笑（いっしょう）

答 33

③ W坂

井上靖の「北の海」は、沼津中学を卒業した主人公が受験勉強を兼ねて四高生の下宿に居候しながら四高柔道部の稽古に参加する日々を描いた作品である。主人公は犀川の桜橋南詰め近くに位置するW坂を通って寺町台にある下宿先に向かう。W坂には、「北の海」の文学碑がある。

答 34

② 闇笛

かなざわの「にし」と「ひがし」の茶屋街に伝わる「影笛」は照明を落とし、また屏風などを用いて演奏者の姿が見えないようにして笛の音だけを聞かせる芸。村松はこの影笛の「影」を「闇」ととらえ、旅行者である主人公が異空間を体験するきっかけに用いている。

答 35

① 立花北枝

立花北枝は加賀俳壇の重鎮で、小松出身の刀研ぎ師。松尾芭蕉は10日間金沢に滞在し、多くの門人を得た。その1人、北枝は芭蕉に同道し、小松・山中・那谷寺・大聖寺を経て越前松岡(現・福井県永平寺町)の天龍寺まで芭蕉の傍らにいて教えを受け、その数々を「山中問答」にまとめた。

答 36

④ 小杉一笑

俳諧師の小杉一笑は金沢で葉茶屋を経営していた。加賀俳壇を担う逸材として頭角を現し、芭蕉の来訪を心待ちにしていたが、前年暮れに世を去る。辞世の句は「心から雪うつくしや西の雲」。小杉家の菩提寺の願念寺(野町1丁目)で追善の俳諧興行が行われ、芭蕉は「塚も‥」の句を手向け死を惜しんだ。

問1

「あら気の毒な」の「気の毒」は金沢ことばで（　　）という意味である。

① かわいそうに　　② ありがとう

③ 気味悪い　　　　④ 縁起悪い

問2

金沢ことばで「からくさな」は（　　）という意味である。

① 飾り立てた　　② きざな

③ おおげさな　　④ いい加減な

問3

「あの人には、ほんとにしゃもめるわ」の「しゃもめる」は金沢ことばで（　　）の意味である。

① 世話が焼ける　　② 腹が立つ

③ いらいらする　　④ 相性が合わない

問4

「さあ、ちゃっちゃやぞ」と幼児に呼びかける「ちゃっちゃ」は（　　）の意味として金沢で使う。

① ごはん　　② おふろ

③ おもちゃ　　④ おやつ

答1

② ありがとう

普通、「気の毒」は「かわいそう」の意味で使われる。しかし、金沢では、例えば、キノコ(金沢ことばでは「こけ」)採りから帰ってきた、隣人からおすそ分けをもらった際に、「あーら気の毒な」と感謝の心を口にする時に使う。「かわいそうに」は金沢ことばで「かわいそぎに」と言う。

答2

④ いい加減な

「あんまり、からくさ(ん)なことばっか言うとんなま」と使う。「あまり、いい加減なことばかり言うなよ」の意。「からふさな」ともいうが、これはどちらかというと、福井なまり、または福井に近い地域で使われるとされる。語源がどこにあるのかは、はっきりしない。

答3

③ いらいらする

「しゃもめる」は「精(気)をもむ」から転化し、「せいをもむ」「しぇいもむ」「しゃもめる」となった金沢ことばである。同様の言葉に「はがいしい」「はがい」「はんげー」がある。「歯がゆい」「もどかしい」の意。「あいつのまま(飯)のうまいがは、ほんとにしゃもめる」と使う。「ままのうまい」は楽天的の意。

答4

② おふろ

金沢ことばで風呂を指す育児語で、「だんだ」ともいう。お湯は「ちゃぶちゃぶ」と音がするので、略して「ちゃっちゃ」と転化したものか。熱くて幼児が嫌がりがちの入浴を親しみやすくするため、こう呼んだとも言われる。遊具の「シーソー」を「ちーたらった」と呼んでいた時代もあった。

問5

金沢ことばの「へしない」は(　　)を意味する。

① 切ない　　　② 味気ない

③ じれったい　④ 遅い

問6

「ちゃがちゃが」は金沢ことばで(　　)という意味である。

① 目が輝く様　　② 風邪気味で悪寒を感じる様子

③ めちゃくちゃ　④ 先がとがっているさま

158

問7

金沢ことばで「かぜねつ」とは(　　)のことである。

① 体温の高い風邪　　② 風邪でできた口内炎

③ 集団風邪　　　　　④ 熱風

問8

金沢ことばで「たんち」は(　　)を指す。

① 赤ん坊　② 長男

③ 二男　　④ 三男

答 5

④ 遅い

古語の「遅い」を意味する「へしなり」から「へしない」に転化したものと考えられる。同様のものに、古語の「懶し（たゆ）」が変化した「たゆい」から、「疲れた」「だるい」を意味する「だやい」があり、古語の「おずし」「おぞし」に由来する、「ひどい」の意味の「おぞい」も同様。

答 6

③ めちゃくちゃ

「せっかくいいがにした部屋をちゃがちゃがにして」などと使う擬態語。目が輝く様子は「かがかが」、風邪気味で悪寒を感じる様子は「すーすー」、鉛筆などの先がとがっているのは「けんけん」、最近では「ぴんぴん」ともいう。飲み物がよく冷えているのは「きんきん」、逆に熱くなったのを「ちんちん」という。

答 7

② 風邪でできた口内炎

風邪をひいてできた口内炎や口角炎のことを金沢では「かぜねつ」といい、風邪で頭が痛いのを「ものい」、悪寒は「おぞけが立つ」という。このほか、病気を表す金沢ことばでは、まぶたの裏にできる麦粒腫（ばくりゅうしゅ）（東京ではものもらい）のことを「めもらい」といい、しもやけのことを「しんばり」と呼ぶ。

答 8

① 赤ん坊

赤ん坊は「たんちま」とも「ねんね」ともいう。幼稚な理屈をいう相手に「ねんねみたいこと言うとんな」という。長男は「あんか」または「あんかま」、次男は「おじ」または「おじま」、三男は「こっぱおじ」と呼ぶ。夫、妻、配偶者のことは「そいあい」と呼ぶ。かつて妻を「じゃあま」とも呼んだ。

問9

「おんぼらーと飲んでいくまっし」の「おんぼらーと」は、金沢ことばで(　　)という意味である。

① 遠慮せずに　　② 気がねすることなく

③ 楽しく　　④ ゆっくりと

問10

金沢の茶屋街で「ごせっかくに」と言われたのは(　　)の意味である。

① もったいない　　② また来てください

③ 精出してください　　④ お世話になります

問11

「あんたもどくしょやね」の「どくしょ」は金沢ことばで(　　)を意味する。

① 水臭い　　② 勤勉

③ 勉強家　　④ けち

問12

「あしめにする」の金沢ことばは(　　)を意味する動詞である。

① 悪くいう　　② 当てにする

③ 探る　　④ 軽蔑する

答9

④ ゆっくりと

「おんぼらーと」と似た言葉に「いんぎらーと」がある。「いんぎらーと」は「ゆったりと」。両方ともゆとりの状態を示す金沢ことば。このほか、「ゆっくりと」「のんびりと」を意味する「しなしなーと」や「ゆっくりと」「落ち着いて」を意味する「やわやわと」などがある。

答10

③ 精出してください

茶屋街では芸妓が独特の金沢ことばで客をもてなす。顔見せで「おいであそばせ」、別れ際に「おゆるっしゅ」はおもてなしの始めと終わりにかける。「ありがとう」を「あんやと」というのも、えもいわれぬ情緒を醸し出す。「おゆるっしゅ」の前に「ごせっかくに」と気を配る。

答11

① 水臭い

「どくしょな」は「毒性」に由来するといわれる。このほか、人の性格を表現する金沢ことばでは、「勤勉な」は「まめな」、「愛想がよい」は「あいそらしい」、「態度が大きい」は「いさどい」、「偉そうな」は「じまんらしい」、「こどもっぽい」は「わらびしい」などという。

答12

② 当てにする

動詞ではこのほか、「傾く」は「かたがる」、「両替する」は「こわす」、「座る」は「ねまる」、「正座する」は「おっちゃんする」、「つねる」は「ちみる」、「くすぐる」は「こそがす」、「仲間に入れる」は「まぜてやる」、「雪に足がはまる」は「ごぼる」、「呼ぶ」は「よぼる」という。

金沢ことばでキノコを「コケ」というが、親孝行者がよく見つけるとされ（　　）と呼ばれているのはハツタケである。

　　① コッサカムリ　　② ショウロ

　　③ マツミミ　　　　④ クマジク

金沢ことばで「ほりゃ、だちゃかん」は「それは（　　）」という意味である。

　　① なかなかいい　　② いい意見だ

　　③ 考え直せ　　　　④ 駄目だ

問
15

「なかなか、かたい子や」の「かたい」は金沢ことばで（　　）を意味する。

　　① 強情　　② おとなしい

　　③ 慎重　　④ 聞き分けのない

問
16

カボチャを指して金沢では（　　）という。

　　① ぼぶら　　　② ひろず

　　③ はやびし　　④ くにゃら

答13

③ マツミミ

金沢出身の明治の文豪・泉鏡花が、ふるさとにまつわるエッセー集「寸情風土記」で、「松みゝ」として紹介している。コッサカムリのコッサは枯れ葉をさす金沢ことば。ショウロは「松露」と書き、砂浜の松林に出る。クマジクまたはクマジコは、見た目が黒々とした熊の皮に似ている稀少種で美味とされる。

答14

④ 駄目だ

「だちゃかん」は「らっちゃん」とも言い、元の姿は「埒明かん」とされる。上方の戯作者・井原西鶴の「日本永代蔵」にも登場する言葉であるため、京都など関西から伝わったとされる。同様に「どうしようもない」との意味の金沢ことばに「ばっかいならん」がある。

答15

② おとなしい

似た形容詞に「はしかい」があり、「賢い」「利口な」の意味で使われる。金沢では「利口な」の意味ではほかに「こうしゃ（巧者）な」「はつめい（発明）な」も使われる。さらに、「りくつな」も「なかなか良い」といい意味で使われるが、「理屈こき」は「理屈っぽい」とどちらかというとマイナスイメージ。

答16

① ぼぶら

「ぼぶら」は、中世末期にキリシタンの宣教師が京都に伝えたポルトガル語「ボーブラ」に由来するとされる。ひろずは「がんもどき」を指すポルトガル語の「フィリヨース」に由来すると言われる。「はやびし」は祭りでふるまわれるとき卵を寒天で固めた食べ物。くにゃらは魚のゲンゲ。

1889(明治22)年、金沢に市制が施行され、初代市長には(　)が就任した。

① 長谷川準也　　② 稲垣義方(よしかた)

③ 杉村虎一(こいち)　　④ 遠藤秀景(ひでかげ)

旧金沢市役所庁舎の設計者で、金沢市長となったのは(　)である。

① 片岡安(やすし)　　② 飯尾次郎三郎

③ 吉川一太郎　　④ 沢野外茂次(ともじ)

金沢ふるさと偉人館の敷地内に現在3つある銅像のうち、ないのは(　)である。

① 高峰譲吉(じょうきち)　　② 木村 栄(ひさし)

③ 八田與一(よいち)　　④ 桜井錠二(じょうじ)

問4

「加賀の三羽がらす」と呼ばれた仏教思想家の中で、金沢で生まれたのは(　)である。

① 藤原鉄乗(てつじょう)　　② 暁烏敏(あけがらすはや)

③ 曽我量深(りょうじん)　　④ 高光大船(だいせん)

答
1

② 稲垣義方

稲垣義方の幼名は丑之助で、父は加賀藩校明倫堂の助教だった。1868（明治元）年、藩の改作奉行に任じられ、続いて軍艦棟取役となった。廃藩置県後は政治結社「忠告社」の結成に加わり、後に官界に入る。初代の金沢市長選では旧加賀藩士で実業家の長谷川準也と争った。

答
2

① 片岡安

金沢生まれの片岡安が設計した旧庁舎は1922（大正11）年に竣工した。片岡は東京帝国大学工科大学造家学科卒業の工学博士で、大阪商工会議所会頭、日本建築協会長などを歴任した。多忙のため、市長に専念することができず、名誉職市長の形を採った。旧日本生命金沢支社などの設計も手掛けた。

答
3

④ 桜井錠二

金沢ふるさと偉人館は「郷土が産んだ優れた先人」と評価する金沢ゆかりの人物を顕彰し、業績を伝えるため1993（平成5）年11月、下本多町に開設された。吉田三郎作の高峰像と震 六郎作の木村像は99年、県広坂公園から移設、館内にあった八田像は2008年外に出した。桜井錠二は日本近代化学の父。

答
4

④ 高光大船

高光大船は北間町に生まれ、真宗大谷派専称寺の僧侶として信仰回復運動に専心した。1915（大正4）年、同じく大谷派僧侶で松任（現・白山市）生まれの暁烏敏、新潟出身の藤原鉄乗とともに信仰雑誌「旅人」を刊行。28（昭和3）年には個人雑誌「直道」を創刊し、人間疎外と人間解放を実生活の中で問い続けた。

問5

金沢市の駅西中央公園にある「天保義民之碑(てんぽうぎみんのひ)」の文字を揮毫(きごう)したのは(　　)である。

① 西郷隆盛　　② 榎本武揚(えのもとたけあき)

③ 勝海舟(かいしゅう)　　④ 大久保利通(としみち)

問6

1870(明治3)年に創設された金沢医学館で、西洋医学の教育を行うために雇われた(　　)は、舎密学(せいみ)、動物学、薬剤学などの講義を行った。

① オーズボン　　② スロイス

③ ローエル　　④ デッケン

問7

大隈重信の薫陶(くんとう)を受けた永井柳太郎は1917(大正6)年、少年時代を過ごした金沢から衆議院選挙に出馬したが、(　　)に敗れた。

① 中橋徳五郎　　② 阿部信行(のぶゆき)

③ 辻政信(まさのぶ)　　④ 林屋亀次郎

問8

金沢における婦人参政権運動の中心を担い、戦後、衆議院議員になったのは、(　　)である。

① 高橋ふみ　　② 駒井志づ子

③ 米山久子　　④ 樫田(かしだ)ミサヲ

答
5

③ 勝海舟

　1838(天保９)年の大飢饉により、当時、西念新保村などの村役15人は凶作に苦しむ農民を救うため加賀藩に年貢米の減免を願い出たが、藩は減租運動を弾圧し、村役人とその家族を越中五箇山へ流刑した。後に事件の真相を知った勝海舟は1897(明治30)年、「天保義民」と称え記念碑の碑文を大書した。

答
6

② スロイス

　ピーター・スロイスは加賀藩が招聘(しょうへい)したオランダ陸軍１等軍医である。1871(明治４)年に到着し、３年の契約期間中、大手町の医学館で生徒に教え、病院でも患者の治療を行った。講義はオランダ語で口述し、伍堂卓爾(ごどうたくじ)ら３人の通訳が翻訳して生徒が筆記する方式を採用した。後任は同国のホルトルマン。

答
7

① 中橋徳五郎

　中橋徳五郎は金沢の出羽町生まれ。1917年に衆議院議員に当選し、翌年に立憲政友会の原敬(たかし)内閣の文部大臣に就任した。商工大臣、内務大臣も務めた。17年の第13回総選挙石川県第１区で、憲政会から立候補した永井柳太郎に203票差で競り勝った。大阪商船の社長なども務めた。

答
8

③ 米山久子

　尾張町生まれの米山久子は女性の衆議院議員として初の国会演説を行った。1929(昭和４)年、金沢初の婦人講演会を開き、婦人参政権運動に携わる。42(同17)年、大日本婦人会石川県支部結成に参画。戦後の46(同21)年の総選挙に社会党から立候補し最高得票で当選。翌年の総選挙では落選した。

「電気化学工業の父」と称された（　　）は、中国と北朝鮮の国境を流れる鴨緑江にダムを造り、水力発電により興南地域を一大化学工業都市とした。

① 田中信吾　　② 野口 遵

③ 磯田謙雄　　④ 森下八左衛門

台湾南部の烏山頭ダムのほとりにある八田與一記念公園には、水利事業に尽力した與一の死後の1945（昭和20）年9月、ダムに身を投げた妻（　　）が四女嘉子を抱く像が建っている。

① 外代樹　　② 正子

③ 綾子　　④ 成子

回船業で財を成し、兼六園に徽軫灯籠を献上したともいわれている加賀の海商は（　　）である。

① 丸屋伝右衛門　　② 湊屋佐太郎

③ 木谷藤右衛門　　④ 銭屋五兵衛

問12

加賀藩に西洋砲術などの指導のため招かれた（　　）は1860（万延元）年、幕府の遣米使節に随行し、その際の出来事を「奉使米行航海日記」に記した。

① 佐野鼎　　② 関沢孝三郎

③ 伍堂卓爾　　④ 岡田雄次郎

答9

② 野口遵

野口遵は加賀藩士の長男として現在の玉川町で生まれ、生後間もなく東京の加賀藩邸に移った。帝国大学工科大学（現・東京大学）を卒業後、鹿児島県で曽木電気株式会社を創立した。1920年代半ばから朝鮮半島に進出し電源開発を進めたほか、興南地域に巨大な化学コンビナートを建設した。

答10

① 外代樹

外代樹は1901（明治34）年、岩根町（現・瓢箪町）で、開業医の長女として生まれた。県立金沢第一高等女学校を卒業して間もなく、與一と金沢で挙式。献身的に夫を支え続けた外代樹は台湾でも敬愛された。銅像は2013（平成25）年、外代樹の命日である9月1日、約500人が参列して除幕された。

答11

③ 木谷藤右衛門

木谷（屋）藤右衛門は、粟崎を根拠地に日本海海運で活躍し、銭屋五兵衛をはるかにしのぐ加賀藩随一の富豪と呼ばれた北前船船主である。加賀藩の木材や米の売買など御用商人となったのは、4代から6代のころとされる。藩から名字帯刀を許され、文字通りの豪商として歴史に名を刻んだ。

答12

① 佐野鼎

佐野鼎は駿河国水戸島村（現・静岡県富士市）出身。加賀藩では洋式武学校の壮猶館設立に伴い、西洋砲術師範方棟取役などに任じられた。「奉使米行航海日記」は13代藩主斉泰に献上。藩有数の英語力で外国人との交渉にも活躍し、1871（明治4）年、東京の邸内に開成高校の前身である共立学校を創設した。

問 13

西田幾多郎が命名した四高の三々塾は、金沢市内各地を移転したが、このうち「四高俳句会」で知られる(　　)の旧邸もそのひとつであった。

① 藤井紫影　　② 太田南圃

③ 室生犀星　　④ 小松砂丘

問 14

現在、北陸電力会館本多の森ホールとして親しまれている旧石川厚生年金会館の設計者は(　　)である。

① 安藤忠雄　　② 黒川紀章

③ 谷口吉郎　　④ 内井昭蔵

問 15

金沢市本多町に2011(平成23)年7月に開館した鈴木大拙館の設計者は、金沢ゆかりの建築家で日本芸術院会員の(　　)である。

① 隈研吾　　② 池原義郎

③ 谷口吉生　　④ 岡田新一

問 16

石川県人で2番目の首相となり、県民から「第2の加賀内閣」と呼ばれ祝福されたのは(　　)である。

① 阿部信行　　② 山森隆

③ 中橋徳五郎　　④ 林銑十郎

答 13

① 藤井紫影

藤井紫影は兵庫県の淡路島出身。旧制第三高等学校（現・京大）を経て帝国大学在学中、正岡子規と知り合い句作を始める。第四高等学校教授在任中に「四高俳句会」を指導したほか、室生犀星も教えを受けた「北声会」を主宰。北國新聞の俳壇選者となり、金沢における近代俳句普及に大きな功績を残した。

答 14

② 黒川紀章

1977（昭和52）年、旧兼六園球場跡地に建てられた石川厚生年金会館は黒川紀章の設計である。グラウンドの形状に沿った扇形の外観が特徴で、金沢の景観に配慮した斬新な設計となっている。黒川は石川県内でこのほか小松市の市立本陣記念美術館の設計も行っている。

答 15

③ 谷口吉生

谷口吉生は、金沢市出身の世界的建築家で文化勲章を受章した谷口吉郎の長男。吉生は鈴木大拙館や加賀市片山津温泉総湯、海外ではニューヨーク近代美術館新館などを設計した。2019（令和元）年7月に吉郎の住まい跡地に吉生が設計した金沢建築館がオープン。父・吉郎は金沢市初の名誉市民でもある。

答 16

① 阿部信行

小立野に生まれた林銑十郎が1937（昭和12）年に首相に就任したのに続き、2年後の39（同14）年には石引町出身の阿部信行が首相となった。林は同郷の伍堂卓雄を商工相・鉄道相に、中村孝太郎を陸相に任命したが、阿部も同じく郷里の永井柳太郎を逓信・鉄道相に、伍堂を農林・商工相に任命した。

北越戦争の際、新政府軍の指揮を執る軍監であり、のちに富山が石川から分かれた時の最初の石川県官選知事となったのは（　　）である。

① 岩村高俊
たかとし

② 内田政風
まさかぜ

③ 桐山 純孝
きりやまじゅんこう

④ 千坂高雅
ちさかたかまさ

金沢の実業家（　　）は1895（明治28）年、犀川上流に石川県初の水力発電所となる辰巳発電所を設けた。

① 森下八左衛門

② 湯浅七左衛門

③ 小倉正恒
まさつね

④ 安宅弥吉

172

高峰譲吉が発明した「タカジアスターゼ」を日本で販売したのは（　　）である。

① 塩野義製薬

② 武田薬品

③ 三共商店

④ 久米製薬

現・金沢市瓢箪町の加賀藩御算用者の家に生まれた（　　）は、東京大学の薬物学研究の基礎を築いた人物として知られている。

① 入江直友
なお

② 高橋順太郎

③ 米澤紋三郎
もんさぶろう

④ 三宅 秀
ひいず

答17

① 岩村高俊

土佐の陸援隊出身の岩村高俊は、西南戦争が過ぎて明治維新政府も安定期を迎えると、愛知県令を経て1883(明治16)年、石川県令に赴任した。折しも富山県が分県して、86(同19)年に第4代県令から初代石川県知事となった。金沢では義援金を集めて旧制第四高等学校の誘致に尽力した。

答18

① 森下八左衛門

森下八左衛門は尾張町の和菓子商「森下屋(森八)」12代目に生まれた。幼名は森八。17歳の時、父を亡くし家業を継いだ。静岡で見た電灯や福井県敦賀まで通じた陸蒸気に感動。金沢電気株式会社を創立し、辰巳発電所を完成させた。1900(明治33)年、金沢で初めて電灯がともり、その数は595戸だった。

答19

③ 三共商店

高峰譲吉が植物からデンプンを分解する酵素ジアスターゼを抽出し、発明した「タカジアスターゼ」は消化薬として大ヒットし、世界中で販売されるようになった。日本では1899(明治32)年に販売部門を担当する三共商店(後に三共、現・第一三共)が創立され、高峰は1913(大正2)年、初代社長に就いた。

答20

② 高橋順太郎

高橋順太郎は幼少期から算術で優れた才能を有し、特に珠算の名手であった。1865(慶応元)年、11歳で藩派遣の特待生に選ばれて長崎に留学。2年後に加賀藩の御算用者に任じられた。金沢出身者としては初の医学博士となり、動植物成分によって肺結核や肺炎、強心、鎮咳などに対応する多くの薬を作った。

問
21

金沢市長として鉄道敷設や電気事業に尽力したのは
（　　）である。

① 山森隆　　　　② 片岡安
　　　　　　　　　　やすし

③ 吉川一太郎　　④ 武谷甚太郎

問
22

水稲品種の中から「大場坊主」を発見したのは（　　）
　　　　　　　　　　　おお ば ぼう ず
である。

① 高多久兵衛　　② 表与兵衛
　たか だ きゅう べ え　　　　よ へ え

③ 松本佐一郎　　④ 西川長右衛門

問
23

「加賀の平賀源内」とも称された、希代のからくり
　　　　　　　　　　　　　　　　　　　き たい
師（技術者）・大野弁吉の代表作である人形の設計図
は、後の著書「（　　）視窮録」に残されている。
　　　　　　　　　　　し きゅうろく

① 一休　　② 一理
　いっきゅう　　　いち り
③ 一東　　④ 一鶴
　いっとう　　　いっかく

問
24

明治時代の金沢の言論界で一世を風靡し、北國新聞
　　　　　　　　　　　　　　　ふう び
の編集顧問も務めた石橋忍月には、戦後、俳人で文
　　　　　　　　　　　にんげつ
芸評論家として活躍した息子の（　　）がいる。

① 唐木順三　　② 山本健吉

③ 小林秀雄　　④ 亀井勝一郎

答 21

① 山森隆

山森隆は小学校教諭を経て金沢市議、県議となり、1902（明治35）年に衆議院議員に当選。09（同42）年に第6代金沢市長に就任した。在任中、都市の近代化には市街電車の敷設が必要と考え、会社設立に奔走した。書籍商も営み、市長を2期務めた後、金沢市有数の大企業であった金沢紡績の社長に就いた。

答 22

④ 西川長右衛門

西川長右衛門は1807（文化4）年、河北郡大場村（現・金沢市大場町）に生まれた。幼名は吉平で、篤農家。1853（嘉永6）年、加賀で栽培されていた水稲品種「巾着」の中から、稲穂に芒がない「大場坊主」を発見した。これが今日のコシヒカリの始祖となった。

答 23

③ 一東

大野弁吉は1830（文政13）年頃、京都から妻の実家があった大野村（現・大野町）に移住。「一東視窮録」には、舎密術（化学）や科学器具、医術、伝統技術に分類され、計423項目及び図解52図が記述される。「茶運人形」や「からくり三番叟」、ボルタ電池の仕組みなど当時では最新の知識が網羅された。

答 24

② 山本健吉

山本健吉（本名は石橋貞吉。1907～1988年）は父・忍月の住んだ長崎で生まれた。慶應義塾大学で石川県ゆかりの折口信夫の講義に刺激を受けて、俳句評論の基礎を培ったとされる。戦後、「私小説作家論」で注目され、「芭蕉―その鑑賞と批評」などで独特の批評を展開した。

問
25

波乱万丈の人生を送った金沢生まれの実業家・南喜一の愛称「ガマ将軍」は、南をモデルにした作品もある作家（　　）がつけたとされている。

① 源氏鶏太
けい た

② 尾崎士郎

③ 宇野千代

④ 有島武郎
たけ お

問
26

真宗大谷派の布教師として中国に渡り、帰国して六朝時代の書を伝え、篆書と草書を合体した独特の書を多く残した金沢の僧侶は（　　）である。
ちょう
りく
てんしょ
そうしょ

① 藤原鉄乗
てつじょう

② 暁烏敏
あけがらすはや

③ 北方心泉
きがたしんせん

④ 松本白華
はっか

問
27

絹力織機の発明者（　　）が、当初製作を試みたジャカード機とは、いわゆる紋織機のことである。
きぬりきしょっき

① 津田吉之助

② 津田米次郎
よね じ ろう

③ 津田駒次郎

④ 津田うめ

問
28

建築家を目指していた夏目漱石に文学者になるように勧め、小説「吾輩は猫である」に「天然居士」として登場するのは、金沢出身の（　　）である。

① 横地石太郎
よこ ち いし た ろう

② 桜井房記
ふさ き

③ 米山保三郎
よねやまやすさぶろう

④ 狩野亨吉
か のうこうきち

② 尾崎士郎

南喜一は尾崎士郎の小説「新人生劇場」のモデルとなった。南は小学校卒業後４年間、北國新聞社で活字工として働き、早稲田大学理工学科に進んだ。後に国策パルプ工業、ヤクルト本社のトップを務めた。性談議をつづった「ガマの聖談」はベストセラーになり、「ガマ将軍」の愛称で親しまれた。

③ 北方心泉

北形心泉は1850（嘉永３）年、木ノ新保に生まれた。小将町の真宗大谷派常福寺14代住職であるとともに、書家としても活躍した。14歳の時、京都・東本願寺の高倉学寮に入学して研究生活を送り、生涯の師となる金沢出身の名僧石川 舜台と出会う。18歳で住職となり、27歳で中国・清に渡り書を学んだ。

② 津田米次郎

ジャカード機は、パンチカードを用いて色々な模様を織ることができる機械である。野町広小路で生まれた津田米次郎はジャカード機の改良後、絹を織る力織機を苦労の末、発明した。卯辰山中腹にはその功績を記念して米次郎の銅像が建立されている。父は尾山神社神門を建てた大工津田吉之助である。

③ 米山保三郎

米山保三郎は1869（明治２）年、金沢の旧本馬町（現・野町２丁目）に生まれた。父は加賀藩の財政に携わった算用者。東京帝国大学で哲学を学び、大学院では空間論を研究した。明治20年代、夏目漱石、正岡子規と第一高等中学校で机を並べ、建築家を志していた漱石に対し、「文学をやれ」と説いたという。

問29

旧制四高の校長として西田幾多郎らを主導するなど、著名な教育者として活躍した北条時敬の記念碑は、碑文に基づき（　　）に建立されている。

① 尾山神社境内　　② 金澤神社境内

③ 旧四高校庭　　④ 兼六園内

問30

愛知県安城市周辺が「日本のデンマーク」と呼ばれるほど、農業先進地になるのに尽くした金沢出身の農業教育指導者は（　　）である。

① 山崎延吉　　② 本岡太吉

③ 水登勇太郎　　④ 高多久兵衛

問31

1874（明治7）年、のちに金沢市長となる（　　）は、鞍月用水の水流を利用した金沢製糸場を長町川岸に開設した。

① 片岡安　　② 稲垣義方

③ 飯尾次郎三郎　　④ 長谷川準也

問32

明治後期の金沢に生まれ、戦後の医学界をリードした（　　）は、日本における神経内科学の確立に心血を注いだ。

① 飯盛里安　　② 藤井健次郎

③ 沖中重雄　　④ 勝木保次

答
29

② 金澤神社境内

北条時敬は1858(安政5)年、金沢藩士の次男として生まれる。石川県専門学校、第四高等中学校の教諭時代に西田幾多郎、鈴木貞太郎(大拙)、藤岡作太郎の「加賀の三太郎」や天文学者木村栄を教えた。第四高等学校の校長時には教え子である西田を教授として迎えている。

答
30

① 山崎延吉

山崎延吉は石引に生まれ、父は農業改革指導者・二宮尊徳の弟子だった。旧制第四高等学校、東京帝国大学農科大学農芸化学科を卒業。愛知県立安城農林学校の初代校長に就き、退任後、全国各地で6000回に及ぶ講演会を行い、農業経営の改革などを説いた。1928(昭和3)年、衆議院議員になった。

答
31

④ 長谷川準也

1843(天保14)年、広坂に生まれた長谷川準也は第2代金沢市長。明治維新で職を失った士族のために、1874(明治7)年に金沢製糸場を創設したほか、撚糸会社や銅器会社など20社余りの製造会社を次々と立ち上げ、金沢の産業発展に尽力した。加賀藩主を祀る尾山神社の計画も立てた人物である。

答
32

③ 沖中重雄

味噌蔵町生まれの沖中重雄は東京帝国大学医学部を卒業。呼吸や消化などをコントロールする仕組みを研究した。神経医学の必要性を説き、日本神経学会の設立に尽力するなど、戦後の医学界をけん引した。1963(昭和38)年から5年間、宮内庁内廷医事参与も務めた。68歳の時に文化勲章を受章した。

金沢検定
第16回
問題と解答

第16回
金沢検定試験問題
《初級》

【1】金沢の最近の話題や出来事、まちづくりに関する問題です。以下の文章を読んで、かっこ内に入る適切な語句を選びなさい。

(1) 金沢城鼠多門・橋の供用に伴い、石川県は長町武家屋敷跡と本多の森公園を結ぶコースを（　　）回遊ルートと名付けた。
① 加賀今昔
② 加賀百万石
③ 加賀歴史文化
④ 金澤今昔

(2) 石川県立美術館の新館長は、今年9月1日付で前文化庁長官の（　　）氏が就任した。
① 唐澤昌宏
② 島　敦彦
③ 青柳正規
④ 山崎　剛

(3) 今夏、金沢21世紀美術館で開かれた「美人画の雪月花」展の出品作家のうち、金沢出身は（　　）である。
① 鏑木清方
② 上村松園
③ 北野恒富
④ 伊東深水

(4) JA金沢市は加賀野菜全体のブランド力向上を目指し、サツマイモ「五郎島金時」と「（　　）」を使った野菜チップスを開発、販売している。
① 加賀れんこん
② 加賀太きゅうり
③ 打木赤皮甘栗かぼちゃ
④ ヘタ紫なす

（5）金沢市と県漁協は今秋から、金沢港に水揚げされるアマ
エビを「（　　）」と銘打ち、ブランド化の取り組みを始
めた。

① 金沢とれとれ甘えび

② 金沢キトキト甘えび

③ 加賀甘えび

④ 金沢甘えび

（6）金沢市に移転・開館した国立工芸館のシンボルマークは、
漢字1字「（　　）」の余白をかたどったデザインである。

① 石　　　　　　　　　② 金

③ 工　　　　　　　　　④ 美

（7）金沢市立小将町中学校は、学校規模の適正化に向け数年
後をめどに現在の（　　）跡への移転が予定されている。

① 玉川こども図書館　　② 中央小学校

③ 松ケ枝緑地　　　　　④ 文化ホール

（8）金沢市は金沢くらしの博物館や金沢ふるさと偉人館で配
置した（　　）機器が好評なことから、今後、文化施設
での体験型展示の普及に向け、スマートフォン用アプリ
の開発に乗り出した。

① ＩＲ　　　　　　　　② ＡＩ

③ ＡＲ　　　　　　　　④ ＣＰ

（9）金沢市柿木畠に完成した市役所第二本庁舎ではエントラ
ンスホールのテーブルやベンチに金沢産の（　　）が多
く使われた。

① マツ　　　　　　　　② スギ

③ ケヤキ　　　　　　　④ ヒノキ

(10) 1964（昭和39）年の東京五輪で日本選手団長を務めた
金沢出身の（　　）氏の顕彰碑が昨年、菩提寺である金沢・
小立野の経王寺に建立された。

① 大島鎌吉　　　　　　② 山中　毅
③ 大崎剛彦　　　　　　④ 金戸俊介

【2】金沢の歴史に関する問題です。以下の文章を読んで、かっ
こ内に入る適切な語句を選びなさい。

(11) 金沢市新保本の国指定史跡チカモリ遺跡は（　　）の集
落遺跡である。

① 旧石器時代　　　　　② 縄文時代
③ 弥生時代　　　　　　④ 古墳時代

(12) 金沢21世紀美術館の敷地は広坂遺跡であり、古代から重
層的に続く複合遺跡として奈良時代は（　　）が建って
いたと考えられる。

① 国衙　　　　　　　　② 寺院
③ 市場　　　　　　　　④ 駅家

(13) 金沢市を含む加賀地方は、奈良時代は（　　）に属して
いた。

① 越中国　　　　　　　② 越後国
③ 越前国　　　　　　　④ 能登国

(14) 金沢や加賀平野一帯に、北陸地方に広く布教活動を行っ
た（　　）の宗主の足跡として蓮如伝説と称されるもの
がある。

① 日蓮宗　　　　　　　② 浄土宗
③ 真言宗　　　　　　　④ 浄土真宗

(15) 1546（天文15）年、本願寺10代宗主証如から本尊
などが送られ、現在の金沢城公園付近に本願寺末寺とし
て（　　）が設置された。
① 加賀別院　　　　　　　② 金沢御堂
③ 本泉寺　　　　　　　　④ 専光寺

(16) 加賀藩祖の前田利家は、豊臣秀吉の晩年のころ、制度化
された（　　）の1人だった。
① 大老　　　　　　　　　② 管領
③ 四職　　　　　　　　　④ 摂家

(17) 前田利家の兄・利久は（　　）の命により、利家に前田
家の家督を譲ったという。
① 父の利春（利昌ともいう）　② 母の長齢院
③ 柴田勝家　　　　　　　④ 織田信長

(18) 1599（慶長4）年に前田利家が死去すると、正室のまつ
は出家して（　　）と称した。
① 寿福院　　　　　　　　② 芳春院
③ 天徳院　　　　　　　　④ 高徳院

(19) 加賀藩2代藩主前田利長が1599（慶長4）年に徳川家
康から謀反の疑いをかけられたとき、申し開きの使者に
なったのは（　　）である。
① 横山長知　　　　　　　② 山崎長徳
③ 篠原一孝　　　　　　　④ 本多政重

(20) 3代藩主前田利常の幼名は（　　）であった。
① 竹千代　　　　　　　　② 松千代
③ 猿千代　　　　　　　　④ 辰千代

(21) 前田利常の正室・珠姫は（　　）の娘である。

① 徳川家康　　　　　　　② 徳川秀忠

③ 徳川家光　　　　　　　④ 徳川頼房

(22) 4代藩主前田光高は（　　）で急死した。

① 京都　　　　　　　　　② 金沢

③ 富山　　　　　　　　　④ 江戸

(23) 5代藩主前田綱紀が中心となって集めた多くの貴重な古
典籍・書籍などは、明治以後（　　）文庫で所蔵された。

① 静嘉堂
せい か どう
　　　　　　　② 永青
えいせい

③ 尊経閣
そんけいかく
　　　　　　　④ 紅葉山
もみ じ やま

(24) 現在の東京大学の赤門は、加賀藩主の（　　）が、11代
将軍徳川家斉の娘・溶姫を正室に迎えるために建てられ
た門である。

① 前田宗辰
むねとき
　　　　　　② 前田利直
としなお

③ 前田斉広
なりなが
　　　　　　④ 前田斉泰
なりやす

(25) 加賀藩および前田家の動向を伝える基本資料「加賀藩史
料」の刊行を決断した時の前田家の当主は（　　）である。

① 斉広
なりなが
　　　　　　　　② 利為
としなり

③ 利建
としたつ
　　　　　　　　④ 利祐
としやす

(26) 前田家に身を寄せ、金沢の惣構
そうがまえ
建造に功績があったと伝
えられるキリシタン大名は（　　）である。

① 高山右近　　　　　　　② 大友宗麟
そうりん

③ 小西行長　　　　　　　④ 大村純忠
すみただ

(27) 加賀藩が参勤交代の際に行き来した信越回りの道を
（　　）と呼ぶ。
① 北国上街道 ② 北国下街道
③ 甲州道中 ④ 奥州道中

(28) 現在の尾山神社の場所には、隠居した藩主らが住んだ
（　　）が明治の廃藩ごろまで建っていた。
① 御細工所 ② 金谷御殿
③ 時鐘堂 ④ 竹沢御殿

(29) 金沢城下の高岡町の成立は、（　　）が家臣の一部を高岡
から金沢に移住させたことが始まりという。
① 前田秀継 ② 前田利政
③ 前田安勝 ④ 前田利長

187

(30) 加賀藩前田家の慶事に際し、庶民が仕事を休んで祝意を
表すために催されたのは（　　）である。
① 四万六千日 ② 盆正月
③ はじかみ大祭 ④ 神事能

(31) 現在の兼六園の敷地内にあった加賀藩の藩校の文学校は
（　　）である。
① 致道館 ② 経武館
③ 壮猶館 ④ 明倫堂

(32) 旧金沢城周辺の堀のうち、（　　）は明治末期に水が抜か
れて幹線道路となり、のちに市街電車の軌道も敷かれた。
① 大手堀 ② 百間堀
③ 白鳥堀 ④ いもり堀

（33）金沢は現在、石川県の県庁所在地だが、1872（明治5）年、
　　県庁が（　　）に移されたことがあった。
　　①　美川　　　　　　　　②　小松
　　③　金石　　　　　　　　④　松任

（34）1874（明治7）年、のちに金沢市長となる長谷川準也は、
　　明治維新で職を失った士族のために、鞍月用水の水流を
　　利用した金沢（　　）を、現在の中央小学校あたりに開
　　設した。
　　①　製鉄所　　　　　　　②　陶器会社
　　③　発電所　　　　　　　④　製糸場

（35）旧石川県庁の石川県政記念しいのき迎賓館が置かれてい
　　る広坂界隈は、藩政期には（　　）前と称され、広い意
　　味で金沢城域の一角であった。
　　①　堂形　　　　　　　　②　大手
　　③　いもり堀　　　　　　④　大石垣

【3】金沢の史跡、庭園、地理、寺社、建造物に関する問題です。
　　以下の文章を読んで、かっこ内に入る適切な語句を選び
　　なさい。

（36）兼六園を代表する景観となっている徽軫灯籠が面してい
　　る池は（　　）である。
　　①　瓢池　　　　　　　　②　長谷池
　　③　放生池　　　　　　　④　霞ケ池

（37）兼六園内に植えられた桜の銘木である（　　）は、小ぶ
　　りながら、300を超える花びらがつくことで知られてい
　　る。
　　①　菊桜　　　　　　　　②　牡丹桜
　　③　旭桜　　　　　　　　④　塩釜桜

(38) 兼六園の中を流れる水は、（　　）から引かれている。
① 鞍月用水
② 大野庄用水
③ 寺津用水
④ 辰巳用水

(39) 金沢城の三御門とは、（　　）、石川門、河北門である。
① 土橋門
② 西丁口門
③ 橋爪門
④ 車橋門

(40)「石垣の博物館」と称される金沢城の石垣で、（　　）はほとんど加工しない石を積む最も古い工法とされる。
① 算木積み
② 自然石積み
③ 粗加工石積み
④ 切石積み

(41) デザイン性に優れた色紙短冊積み石垣を有し、2015（平成27）年３月に金沢城に復元された庭園は（　　）である。
① 飛鶴庭
② 林鐘庭
③ 万年青の縁庭園
④ 玉泉院丸庭園

189

(42) 金沢で最古の用水とも言われる（　　）用水は、金沢城の建築に使う木材を運んだとされる。
① 辰巳
② 河原市
③ 鞍月
④ 大野庄

(43) 1602（慶長７）年に金沢城の天守閣が焼失した原因は（　　）だったと言われている。
① 町家出火の類焼
② 落雷
③ 放火
④ 城内出火の類焼

(44) 浅野川は、（　　）とも言われている。
① おとこ川
② おんな川
③ おとめ川
④ おきな川

(45) 京都から金沢に移り住んだ宮崎友禅斎ゆかりの寺とされ
る（　　　）では、毎年、友禅忌が営まれている。
① 本行寺　　　　　　　　　② 月心寺
③ 龍国寺　　　　　　　　　④ 西養寺

(46) 前田利家が越前府中城主時代に帰依し、その後、七尾、
金沢でも建立したのは（　　　）である。
① 大乗寺　　　　　　　　　② 如来寺
③ 宝円寺　　　　　　　　　④ 経王寺

(47) 金沢市寺町の（　　　）は国天然記念物の大桜で知られる。
① 常松寺　　　　　　　　　② 松月寺
③ 松山寺　　　　　　　　　④ 西勝寺

(48) 日本で唯一、香辛料の神様をまつり、「生姜まつり」で
も知られる神社は（　　　）である。
① 浅野神社　　　　　　　　② 春日神社
③ 下野間神社　　　　　　　④ 波自加彌神社

(49) 「いしかわ四高記念公園」は、2014（平成26）年のリニュー
アル整備前は（　　　）という都市公園として親しまれて
いた。
① 県中央公園　　　　　　　② 県広坂公園
③ 県広坂緑地　　　　　　　④ 県歴史公園

(50) 加賀藩の中級武士として改作奉行や高岡町奉行などを務
めた（　　　）が住んだ屋敷跡は、金沢市大手町にあり、
市指定文化財となっている。
① 津田政隣　　　　　　　　② 有沢武貞
③ 寺島蔵人　　　　　　　　④ 井上権左衛門

(51) 金沢市内にある「重要伝統的建造物群保存地区（重伝建地区）」は、（　　）の4地区である。

① 長町・里見町・天神町・大野
② 彦三町・片町・二俣・金石
③ 東山ひがし・主計町・卯辰山麓・寺町台
④ 大手町・小立野・水溜町・御徒町

(52) 金沢市広坂2丁目にある赤れんがの建物は、1891（明治24）年に建てられた旧第四高等中学校本館であり、現在は石川四高記念館と（　　）として利用されている。

① 石川県立伝統産業工芸館
② 金沢能楽美術館
③ 石川近代文学館
④ 金沢文芸館

191

(53) 金澤町家の1階正面の窓に施した木の格子を（　　）とよび、特に桟を細かく割り付けた加賀格子が特徴的である。

① キムシコ
② オオド
③ サガリ
④ カザガエシ

(54) 明治時代に建てられ、「三尖塔校舎」の呼び名で親しまれていた旧制県立金沢第二中学校の校舎は（　　）として活用されている。

① 金沢蓄音器館
② 金沢くらしの博物館
③ 金沢文芸館
④ 金沢民芸館

(55) 1907（明治40）年に造られた（　　）の建物は、現在
尾張町1丁目の町民文化館として利用されている。

① 金沢煙草製造所　　　　　② 金沢紡績工場

③ 金沢製糸所　　　　　　　④ 金沢貯蓄銀行

**【4】金沢の食文化、習わし、金沢ことばに関する問題です。
以下の文章を読んで、かっこ内に入る適切な語句を選び
なさい。**

(56) 加賀れんこんをすりおろし、好みの具材を加えて蒸し、
あんをかけた料理を金沢では（　　）という。

① しろ蒸し　　　　　　　　② おろし蒸し

③ はす蒸し　　　　　　　　④ けんちん蒸し

(57) 正月や祭りの時に見られ、煮溶かした寒天液に砂糖や
醤油を加えて味付けし、溶き卵を加えたものを金沢で
は（　　）という。

① べろべろ　　　　　　　　② ぷるぷる

③ つるつる　　　　　　　　④ まぜまぜ

(58) 毎年5月と10月、金沢市野町2丁目の神明宮の祭りで売
られる縁起餅を（　　）という。

① お神明餅　　　　　　　　② あべかわ餅

③ かき餅　　　　　　　　　④ あぶり餅

(59) 金沢市民の台所・近江町などで売られている「もみじこ」
とは（　　）のことである。

① 秋捕れの赤魚

② 赤く着色したタラコ

③ もみじ葉の形のかまぼこ

④ サケの卵のイクラ

(60) 金沢で「はべん」と呼ばれる食べ物は（　　）のことである。

① はんぺん
② こんにゃく
③ あぶらあげ
④ かまぼこ

(61) 長町武家屋敷跡では、師走入りとともに、土塀を雪から守るために（　　）が行われる。

① 間垣の補修
② 雪つり
③ こも掛け
④ 雪囲い

(62) かつて金沢の平野部では、伏流水がわき出る（　　）を利用してスイカや野菜を冷やす光景が見られた。

① ひやこい
② こんこん
③ もりんこ
④ もっくり

(63) 「金沢5社」の1つ、安江八幡宮に伝わり、応神天皇の赤い産着姿から発想されたとされる縁起物の置物は（　　）である。

① 郵太郎
② 米喰いネズミ
③ 加賀八幡起き上がり
④ 猿の三番叟

(64) 彼岸の中日に無病息災を願って浅野川にかかる橋を渡る「七つ橋渡り」で、（　　）は渡らない。

① 桜橋
② 天神橋
③ 中の橋
④ 昌永橋

(65) 金沢の婚礼風習に見られる「花嫁のれん」は、一般的には嫁入り当日に、嫁ぎ先の（　　）に掛けるしきたりがある。

① 玄関　　　　　　　　② 台所

③ 仏間　　　　　　　　④ 便所

(66) 金沢ことばが使われている、金沢の観光ボランティアガイドの愛称は（　　）である。

① おいでまっし　　　　② まいどさん

③ いらっしま　　　　　④ ごきみっつぁん

(67) 鉛筆の先がとがった状態を指す代表的な金沢ことばは（　　）という。

① けんけん　　　　　　② つんつん

③ つくつく　　　　　　④ とがとが

(68) 金沢で「ととのわんこと」とは（　　）という意味である。

① 整理整頓されていないこと

② 理屈に合わないこと

③ 準備が間に合わないこと

④ のんびり構えて慌てないこと

(69) 金沢ことばの「はしかい」は（　　）のことを指す。

① 頭がよくて利口な人　　② 理屈っぽい人

③ 大ざっぱな人　　　　　④ おしゃべりな人

(70) 金沢で、よく親から「（　　）あげるから、お使いに行ってきて」と言われた。

① おあし　　　　　　　　② おひき

③ おてま　　　　　　　　④ おしるし

【5】金沢の美術工芸、芸能に関する問題です。以下の文章を
　　 読んで、かっこ内に入る適切な語句を選びなさい。

(71) 加賀蒔絵は、3代藩主前田利常が招へいした蒔絵師（　　）
　　 と清水九兵衛によりその 礎 が築かれた。
　　① 岸駒　　　　　　　　　　② 後藤琢乗
　　③ 五十嵐道甫　　　　　　　④ 竹内吟秋

(72) 江戸時代前期の狩野派の絵師（　　）は、石川県立美術
　　 館が所蔵する重要文化財「四季耕作図 屏 風」などを残し
　　 た。
　　① 円山応挙　　　　　　　　② 尾形光琳
　　③ 俵 屋宗雪　　　　　　　④ 久隅守景

(73) 1955（昭和30）年に、重要無形文化財保持者（人間国宝）
　　 に認定された金沢ゆかりの人物は、漆芸の松田権六と砂
　　 張銅鑼の（　　）である。
　　① 魚住為楽　　　　　　　　② 氷見晃堂
　　③ 高村豊周　　　　　　　　④ 高橋介州

(74) 加賀藩の藩営工房「御細工所」は当初、（　　）の管理や
　　 修理を行っていたが、やがて美術工芸品の制作を担うよ
　　 うになった。
　　① 武器・武具　　　　　　　② 日用品
　　③ 百工比照　　　　　　　　④ 陶磁器類

(75) 湯涌温泉に縁があり、その妻が金沢出身でもある詩人、
　　 画家は（　　）である。
　　① 東郷青児　　　　　　　　② 棟方志功
　　③ 黒田清輝　　　　　　　　④ 竹久夢二

(76) 日本芸術院会員、蒔絵の重要無形文化財保持者（人間国宝）であった金沢市出身の（　）は、文化勲章を受章している。
① 山崎覚太郎（やまざきかくたろう）
② 赤地友哉（あかじゆうさい）
③ 木村雨山（きむらうざん）
④ 松田権六（まつだごんろく）

(77) 加賀友禅では、加賀五彩の（　）、臙脂（えんじ）、黄土（おうど）、草（くさ）、古代紫（こだいむらさき）を基調に落ち着いた彩色を施す。
① 群青（ぐんじょう）
② 藍（あい）
③ 桔梗（ききょう）
④ 紺（こん）

(78) 漢学や書、茶道、骨董（こっとう）などに造詣（ぞうけい）が深かった（　）は、「最後の文人」とも呼ばれ、無名時代の北大路魯山人（きたおおじろさんじん）の才能を見いだしたことでも知られる。
① 細野燕台（ほそのえんたい）
② 日置　謙（へきけん）
③ 北條時敬（ほうじょうときゆき）
④ 北方心泉（きたがたしんせん）

(79) 金沢では（　）流の能が盛んで、その流派の能を取り入れたのは加賀藩5代藩主の前田綱紀である。
① 金剛（こんごう）
② 金春（こんぱる）
③ 宝生（ほうしょう）
④ 喜多（きた）

(80) 5代藩主前田綱紀の時代に茶道茶具奉行であった（　）の指導で、茶の湯道具を制作したのが、初代大樋長左衛門（かんち）と初代宮崎寒雉である。
① 千仙叟宗室（せんのせんそうしつ）
② 後藤顕乗（ごとうけんじょう）
③ 小堀遠州（こぼりえんしゅう）
④ 千　利休（せんのりきゅう）

(81) 金沢出身の能楽師、初代（　）は、金沢能楽会の設立に携わるなど明治維新後の加賀宝生の再興に尽力した。
① 佐野吉之助（さのきちのすけ）
② 野村万蔵（のむらまんぞう）
③ 中村歌右衛門（なかむらうたえもん）
④ 阿武松緑之助（おおのまつみどりのすけ）

(82) 1988（昭和63）年に設立された国内初のプロの室内交
響楽団であるオーケストラ・アンサンブル金沢（ＯＥＫ）
の初代音楽監督は（　　）氏である。
① 天沼裕子　　　　　　　② 尾高忠明
③ 岩城宏之　　　　　　　④ 井上道義

(83) 加賀万歳は（　　）万歳をルーツとするが、門付けでは
なく各家の座敷で披露するのが一般的である。
① 越前　　　　　　　　　② 越中
③ 越後　　　　　　　　　④ 津軽

(84) 金沢市指定無形文化財である金沢素囃子に使う楽器は、
（　　）、三味線、小鼓、大鼓、太鼓である。
① 琴　　　　　　　　　　② 鉦
③ 笛　　　　　　　　　　④ 尺八

197

(85) ヒット曲「加賀の女」を歌い一世を風靡した演歌歌手は
（　　）である。
① 松原健之　　　　　　　② 五木ひろし
③ 北島三郎　　　　　　　④ 氷川きよし

【6】金沢ゆかりの文学に関する問題です。以下の文章を読ん
で、かっこ内に入る適切な語句を選びなさい。

(86) 金沢市野町１丁目の成学寺などには（　　）が詠んだと
される「あかあかと日はつれなくも秋の風」の句が刻ま
れた碑がある。
① 松尾芭蕉　　　　　　　② 小杉一笑
③ 堀　麦水　　　　　　　④ 小林一茶

(87) 泉鏡花、徳田秋声がともに入門した明治時代を代表する
作家は（　　）である。

① 幸田露伴
② 田山花袋
③ 尾崎紅葉
④ 島崎藤村

(88) 金沢の三文豪のひとり、（　　）は自伝的小説「光を追う
て」の中で、卯辰山を「自分の庭のように行きつけになっ
ていた」と表現している。

① 泉　鏡花
② 徳田秋声
③ 室生犀星
④ 堀田善衛

(89) 泉鏡花の傑作とされる「（　　）」は、飛騨の山中で旅の
僧が魔性の美女に出会う物語である。

① 婦系図
② 夜叉が池
③ 化鳥
④ 高野聖

(90)（　　）は24歳の時、「ふるさとは遠きにありて思ふもの…」
という一節のある詩を作った。

① 室生犀星
② 泉　鏡花
③ 徳田秋声
④ 中西悟堂

(91) 泉鏡花の「義血俠血」のヒロイン滝の白糸は、（　　）
を得意とする芸人で、高岡－石動間を通行する乗合馬車
に乗り、御者をしていた村越欣弥と知り合う。

① 手品
② 曲乗り
③ 水芸
④ 綱渡り

(92) 日露戦争の後、ロシアのステッセル将軍が乃木将軍に贈ったとされるピアノが金沢学院大学に保存されている。このピアノにまつわる話を文芸作品にしたのは（　　）である。

① 高橋　治
② 五木寛之
③ 真継伸彦
④ 髙樹のぶ子

【7】金沢ゆかりの人物に関する問題です。以下の文章を読んで、かっこ内に入る適切な語句を選びなさい。

(93)「加賀の平賀源内」と呼ばれた（　　）は、多くのからくりを製作した天才肌の人物であったといわれる。

① 大野弁吉
② 銭屋五兵衛
③ 松田東英
④ 猪山直之

199

(94) 金沢市金石生まれで、商社を設立し、後に大阪商工会議所の会頭を務め、鈴木大拙を支援したことでも知られる実業家は（　　）である。

① 林屋亀次郎
② 小倉正恒
③ 安宅弥吉
④ 中橋徳五郎

(95) 加賀藩士の家に生まれた（　　）は明治の初め、フランスに留学して機械工学を学び、帰国後、マッチの国産化に成功した。

① 津田米次郎
② 円中孫平
③ 山田敬中
④ 清水　誠

(96) 明治期に、尾小屋鉱山などの鉱山経営を手がけて「北陸の鉱山王」と呼ばれたのは（　　）である。

① 横山隆興
② 本多政均
③ 長　連豪
④ 前田利嗣

(97) (　　) は、藤岡作太郎、西田幾多郎とともに「加賀の三太郎」と呼ばれた。

① 暁烏　敏（あけがらす　はや）
② 清沢満之（きよざわまんし）
③ 鈴木大拙
④ 藤井　武

(98) ベストセラー「新撰数学（しんせん）」を上梓（じょうし）するなど、北陸における西洋数学の開拓者（　　）の偉業をたたえる記念碑が尾山神社境内にある。

① 藤井健次郎
② 高峰譲吉
③ 飯盛里安（いいもりさとやす）
④ 関口　開（ひらき）

(99) 金沢出身の洋画家（　　）の没後 35 年展が今夏、石川県立美術館で開かれ根強い人気ぶりを示した。

① 鴨居　悠
② 鴨居　玲
③ 高光一也
④ 奥田憲三

(100) 木村 栄（ひさし）は緯度変化の公式である（　　）を発見し、世界の天文学に貢献した。

① A項
② H項
③ S項
④ Z項

(1)	②	加賀百万石	(26)	①	高山右近
(2)	③	青柳正規	(27)	②	北国下街道
(3)	③	北野恒富	(28)	②	金谷御殿
(4)	①	加賀れんこん	(29)	④	前田利長
(5)	④	金沢甘えび	(30)	②	盆正月
(6)	③	工	(31)	④	明倫堂
(7)	②	中央小学校	(32)	②	百間堀
(8)	③	ＡＲ	(33)	①	美川
(9)	②	スギ	(34)	④	製糸場
(10)	①	大島鎌吉	(35)	①	堂形
(11)	②	縄文時代	(36)	④	霞ケ池
(12)	②	寺院	(37)	①	菊桜
(13)	③	越前国	(38)	④	辰巳用水
(14)	④	浄土真宗	(39)	③	橋爪門
(15)	②	金沢御堂	(40)	②	自然石積み
(16)	①	大老	(41)	④	玉泉院丸庭園
(17)	④	織田信長	(42)	④	大野庄
(18)	②	芳春院	(43)	②	落雷
(19)	①	横山長知	(44)	②	おんな川
(20)	③	猿千代	(45)	③	龍国寺
(21)	②	徳川秀忠	(46)	③	宝円寺
(22)	④	江戸	(47)	②	松月寺
(23)	③	尊経閣	(48)	④	波自加彌神社
(24)	④	前田斉泰	(49)	①	県中央公園
(25)	②	利為	(50)	③	寺島蔵人

202

(51)	③	東山ひがし・主計町・卯辰山麓・寺町台	(76)	④	松田権六
(52)	③	石川近代文学館	(77)	②	藍
(53)	①	キムシコ	(78)	①	細野燕台
(54)	②	金沢くらしの博物館	(79)	③	宝生
(55)	④	金沢貯蓄銀行	(80)	①	千仙叟宗室
(56)	③	はす蒸し	(81)	①	佐野吉之助
(57)	①	べろべろ	(82)	③	岩城宏之
(58)	④	あぶり餅	(83)	①	越前
(59)	②	赤く着色したタラコ	(84)	③	笛
(60)	④	かまぼこ	(85)	③	北島三郎
(61)	③	こも掛け	(86)	①	松尾芭蕉
(62)	④	もっくり	(87)	③	尾崎紅葉
(63)	③	加賀八幡起き上がり	(88)	②	徳田秋声
(64)	①	桜橋	(89)	④	高野聖
(65)	③	仏間	(90)	①	室生犀星
(66)	②	まいどさん	(91)	③	水芸
(67)	①	けんけん	(92)	②	五木寛之
(68)	②	理屈に合わないこと	(93)	①	大野弁吉
(69)	①	頭がよくて利口な人	(94)	③	安宅弥吉
(70)	③	おてま	(95)	④	清水　誠
(71)	③	五十嵐道甫	(96)	①	横山隆興
(72)	④	久隅守景	(97)	③	鈴木大拙
(73)	①	魚住為楽	(98)	④	関口　開
(74)	①	武器・武具	(99)	②	鴨居　玲
(75)	④	竹久夢二	(100)	④	Ｚ項

第16回
金沢検定試験問題
《中級》

【1】金沢の最近の話題や出来事、まちづくりに関する問題です。以下の文章を読んで、かっこ内に入る適切な語句を選びなさい。

(1) 復元した金沢城鼠多門の 櫓（やぐら）の木造部分には石川県産（　　　）とスギが使われ、県産材の使用率は75％に及んだ。

① 能登マキ　　　　　　　② 能登ヒバ

③ 白山ヒノキ　　　　　　④ 白山ケヤキ

(2) 金沢城鼠多門・橋でつながった「加賀百万石回遊ルート」を楽しみながら歩いてもらおうと、県などはルート上の文化施設が割引や無料となる「（　　　）パスポート」を発売した。

① MANYU

② TONOSAMA

③ TONO・HIME

④ SAMURAI

(3) 金沢市の国立工芸館2棟の建物のうち、主要展示棟は戦前、旧（　　　）として使われていた。

① 陸軍金沢偕行社

② 金沢陸軍兵器支 廠（ししょう）

③ 陸軍第六師団司令部庁舎

④ 陸軍第九師団司令部庁舎

（4）国立工芸館裏に野外展示されている金工オブジェ「果樹園〜果実の中の木もれ陽、木もれ陽の中の果実」は埼玉県出身の鍛金造形作家（　　）さんの作品である。

① 橋本真之 ② 大渕光則
③ 玉川宣夫 ④ 山本晃

（5）戦前の台湾で南部を潤す当時、東洋一の灌漑（かんがい）ダムを築いた金沢出身の八田與一が作詞したとされる「（　　）踊り」に、同ダム着工100年を記念して金沢市在住の民謡歌手・加賀山昭さんが新たな曲を付けた。

① 嘉南水利 ② 白金波花
③ 烏山頭 ④ 烏山嶺

（6）開港50周年を迎えた金沢港一帯で行われている夜間ライトアップは加賀五彩である臙脂（えんじ）、藍、黄土、（　　）、古代紫の光を照射している。

① 紅殻（べんがら） ② 緑青（ろくしょう）
③ 茜（あかね） ④ 草（くさ）

（7）金沢市内で担い手が1人しかいなかった加賀野菜の希少品目「（　　）」の生産に、新戦力となる市内の若手農業従事者2人が加わった。

① くわい ② 赤ずいき
③ 金時草 ④ せり

（8）金沢を舞台にした吉永小百合さん主演の映画「（　　）の停車場」は来年の全国公開を目指す。

① 哀愁 ② 旅愁
③ いのち ④ くれない

(9) 金沢市天然記念物のミズバショウが自生する（　　）
で住民たちが今夏、群生地の保全と周知を目的とする
「（　　）ミズバショウを守り広める会」を発足させた。
　　①　夕日寺町　　　　　　　②　山川町
　　③　松寺町　　　　　　　　④　東原町

(10) 人形供養の神社として知られ、コロナ禍に伴う外出自
粛の影響で家財整理により出た古い人形の供養を願う
持ち込みが、今年 10 月までに過去最多となっているの
は（　　）神社である。
　　①　泉野菅原　　　　　　　②　平岡野
　　③　安江住吉　　　　　　　④　粟崎八幡

(11) 2022 年度から犀桜小学校の新校舎として開校する旧菊
川町小学校跡地には藩政期、（　　）があった。
　　①　芝居小屋　　　　　　　②　馬場
　　③　的場　　　　　　　　　④　能舞台

(12) 金沢市本多町２丁目に残っていた県内最後の「（　　）道
路」が今年８月 20 日廃止された。子どもの遊び場にす
るため、日曜と祝日の午前８時から午後６時に限り、車
両通行止めになった道路だった。
　　①　遊戯　　　　　　　　　②　遊興
　　③　自由　　　　　　　　　④　開放

(13) 藩政期以前から夕日寺校下の（　　）町に伝わるとされ
る「（　　）田んぼ染め」の復活に取り組む同町の保存会
が今夏、染色技法の再現に、約 40 年ぶりに着手した。
　　①　東長江　　　　　　　　②　朝日
　　③　伝燈寺　　　　　　　　④　釣部

(14) 金沢21世紀美術館の目玉の一つとされる「スイミング・プール」の作者（　　）さんが、近くにできた私設美術館に作品を公開制作した。

① レアンドロ・エルリッヒ

② ヤン・ファーブル

③ パトリック・ブラン

④ ジェームズ・タレル

(15) 金沢市は2020（令和2）年度から、木造建築や木材をふんだんに取り入れた建物が集積する「（　　）」を目指し、既に施策に取り入れている。

① 木住都市　　　　　　　② 木造都市

③ 木色都市　　　　　　　④ 木質都市

【2】金沢の歴史に関する問題です。以下の文章を読んで、かっこ内に入る適切な語句を選びなさい。

(16) 金沢市指定有形文化財である弥生時代の（　　）出土遺物には、日本有数の彩色された木製の高坏がある。

① 上荒屋遺跡　　　　　　② 西念・南新保遺跡

③ 戸水C遺跡　　　　　　④ 畝田・寺中遺跡

(17) 金沢市内の三小牛ハバ遺跡は、「（　　）」の中で同市三馬町周辺とされる御馬河里において、加賀郡の山で修行をしていた僧が浮浪人を取り締まる役人を懲らしめた説話に関係するのではないかと言われている。

① 十訓抄　　　　　　　　② 今昔物語集

③ 沙石集　　　　　　　　④ 日本霊異記

(18) 823（弘仁14）年、加賀の立国を奏上した越前国司
（　　）は初代加賀国司を兼任した。

① 紀末成　　　　　　　　② 春枝王

③ 道首名　　　　　　　　④ 大伴池主

(19) 本願寺10代宗主（　　）の「天文日記」には、仰西寺や
光専寺など金沢の真宗寺院が多数登場する。

① 准如　　　　　　　　　② 証如

③ 蓮如　　　　　　　　　④ 湛如

(20) 金沢城の玉泉院丸庭園の紅葉橋から（　　）に進めば二
の丸に至る。

① 松坂門　　　　　　　　② 鼠多門

③ 数寄屋唐門　　　　　　④ 金谷門

(21) 金沢駅近くの真宗大谷派専光寺は1488（長享2）年の
加賀一向一揆を指導した大坊主であり、蓮如から（　　）
が下された。

① 血染め御書　　　　　　② 決起の御文

③ 白骨の御文　　　　　　④ お叱りの御書

(22) 加賀藩5代藩主前田綱紀の正室・摩須の父は（　　）で
ある。

① 池田光政　　　　　　　② 徳川綱吉

③ 徳川光圀　　　　　　　④ 保科正之

(23) 14代藩主慶寧の娘礼姫は、大名家と結納を交わしている
が、その相手は（　　）である。

① 一橋慶喜　　　　　　　② 松平容保

③ 伊達宗城　　　　　　　④ 牧野忠恭

(24) 加賀藩祖・前田利家の重臣だったが、不埒（ふらち）な行いが重なり、前田家2代・利長（ながちか）の腹心、横山長知によって金沢城内で斬殺された有力家臣は（　　）である。
① 太田長知（ながとも）
② 片山延高
③ 中川光重
④ 篠原一孝（かつたか）

(25) 1808（文化5）年の金沢城二の丸御殿火災の後、再建を命じた加賀藩主は（　　）である。
① 5代綱紀（つなのり）
② 10代重教（しげみち）
③ 12代斉広（なりなが）
④ 13代斉泰（なりやす）

(26) 3代藩主前田利常の娘満姫は、3代将軍徳川家光の養女となった後、大名（　　）に嫁いで加賀御前と称された。
① 池田輝政（てるまさ）
② 毛利秀就（ひでなり）
③ 鍋島勝茂（かつしげ）
④ 浅野光晟（みつあきら）

(27) 金沢城内の門で、枡形（ますがた）内に「隠し石垣」があるのは、（　　）である。
① 橋爪門
② 河北門
③ 尾坂門
④ 土橋門

(28) 前田家が統治した加賀藩の領域は、おおむね現在の石川県と富山県の範囲におさまるが、飛び地として（　　）にも領地があった。
① 愛知県
② 岐阜県
③ 新潟県
④ 滋賀県

(29) 浅井畷（なわて）の戦いの時、前田利長の軍勢の最後尾を務めていたのは（　　）の軍勢である。
① 長連龍（つらたつ）
② 横山長知（ながちか）
③ 太田長知（ながとも）
④ 山崎長徳（ながのり）

(30) 加賀藩が独自に造った銀貨は（　　）である。

① 丁銀 <small>ちょうぎん</small>
② 花降銀 <small>はなふりぎん</small>
③ 豆板銀 <small>まめいたぎん</small>
④ 南鐐二朱銀 <small>なんりょう に しゅぎん</small>

(31) 3代藩主の前田利常が受領した官職名は、筑前守と（　　）
である。

① 土佐守
② 能登守
③ 肥前守
④ 薩摩守

(32) 5代藩主綱紀は「（　　）」などの書物を編纂<small>へんさん</small>するなど、
その学者ぶりが知られ、5代将軍徳川綱吉に招かれて儒
学を講義したこともあった。

① 百工比照
② 加能郷土辞彙 <small>か のうきょう ど じ い</small>
③ 自論記
④ 桑華学苑 <small>そう か じ えん</small>

(33) 加賀藩祖・前田利家の4女豪姫の位牌所である（　　）
には、豪姫やその夫宇喜多秀家の供養塔がある。

① 月照寺
② 妙慶寺
③ 妙立寺
④ 大蓮寺

(34) 11代藩主治脩<small>はるなが</small>の書いた自筆の日記は、（　　）と呼ばれ
ている。

① 自助記 <small>じ じょ き</small>
② 温敬公日記 <small>おんけいこう</small>
③ 太梁公日記 <small>たいりょうこう</small>
④ 松雲公日記 <small>しょううんこう</small>

(35) 兼六園の栄螺山<small>さ ざ え やま</small>に現存する三重の石塔は1839（天保
10）年、加賀藩主（　　）の供養塔として建設され、付
近は夫人・子女が亡き殿をしのぶ慰霊空間であった。

① 重教
② 治脩
③ 斉広
④ 斉泰

(36) 金沢市白菊町の（　　）は、享保年間に真宗東派の触頭^{ふれがしら}となり、専光寺とともに金沢・北加賀などの真宗寺院への命令伝達や監督を行った。

① 願念寺　　　　　　② 善福寺
③ 善徳寺　　　　　　④ 瑞泉寺

(37) 加賀藩後期の改革派として知られる寺島蔵人は1822（文政5）年、藩主斉広が竹沢御殿に設けた（　　）に登用され、士風刷新に尽くした。

① 勝手方　　　　　　② 教諭方
③ 穴生方　　　　　　④ 倹約方

(38) 銭屋五兵衛が心血を注いで建造した御手船の常豊丸は宮腰で1845（弘化2）年に完成したが、藩主斉泰の母（　　）も見学にきた。

① 清泰院　　　　　　② 真如院
③ 真龍院　　　　　　④ 栄操院

(39) 1702（元禄15）年、5代藩主綱紀は江戸本郷邸に豪華な御成御殿を建造し、同年4月には将軍（　　）の訪問を受けた。

① 徳川家宣　　　　　② 徳川家綱
③ 徳川綱吉　　　　　④ 徳川吉宗

(40) 現在、石川県知事公舎や城南荘を囲む敷地は、藩政末期に西洋流の火術が教授された（　　）の遺構である。

① 経武館　　　　　　② 明倫堂
③ 壮猶館　　　　　　④ 聖天堂

【3】 金沢の史跡、庭園、地理、寺社、建造物に関する問題です。以下の文章を読んで、かっこ内に入る適切な語句を選びなさい。

(41) 金沢城の石垣には、さまざまな石の積み方が見られる。その中で、5代藩主綱紀の時代に多様な展開をみせ、最も装飾的なのは（　　）である。
① 自然石積み（野面積み）
② 切り石積み（切込みハギ）
③ 粗加工石積（打込みハギ）
④ 割石積み

(42) 兼六園の蓮池庭にあった4つの御亭のうち、当時の場所にその姿を残しているのは（　　）だけである。
① 時雨亭
② 内橋亭
③ 夕顔亭
④ 舟の御亭

(43) 1688（元禄元）年、金沢城の御舞台や玉泉院丸の普請に携わった（　　）に白銀などが与えられた。
① 小堀遠州
② 千宗室
③ 保科正之
④ 後藤程乗

(44) （　　）は泉水・噴水施設・東屋など芸術性の高い独特の造形意匠が特長で、2010（平成22）年2月に国の名勝に指定された。
① 成巽閣庭園
② 西田家庭園玉泉園
③ 末浄水場園地
④ 尾山神社神苑

(45) 金沢医療センター横から扇町に下る「八坂」は、その呼び名が生まれた経緯には諸説あるが、一説に（　　）が通る坂が８本あり、そこから生まれた地名「八坂」に由来するといわれる。

① きこり
② 石工
③ 庭師
④ 刀鍛冶

(46) 金沢市街地の北東丘陵地に県が設置した里山活動のモデル拠点施設（　　）には、大桑層と呼ばれる地層の露頭がある。およそ 100 ～ 200 万年前にこの地に生息していた貝などの化石が見つかる。

① 医王の里自然園
② 娚^{おんまそう} 杉少年の森
③ キゴ山自然園
④ 夕日寺健民自然園

(47) 高岡市の（　　）には、加賀藩主の治脩と斉広をまつる御霊屋がある。

① 勝興寺
② 国泰寺
③ 善徳寺
④ 瑞龍寺

(48) 金沢市橋場町にある善福寺本堂は、（　　）の寺院建築で、金沢市指定文化財になっている。

① 城郭造り
② 土蔵造り
③ 書院造り
④ 数寄屋造り

(49) 羽咋市にある重要文化財・妙成寺三十番神堂は、３代藩主利常が（　　）に出陣する際、戦勝祈願のために建てられたと伝えられる。

① 文禄の役
② 浅井 畷^{なわて} の戦い
③ 関ヶ原の戦い
④ 大坂冬の陣

(50) 東京都千代田区にあり、赤レンガの建物で国重要文化財
である（　　）を再利用した東京国立近代美術館工芸館
が今年 10 月、金沢に収蔵作品の大部分を移転、オープン
した。

① 旧第四師団司令部庁舎

② 旧皇宮警察庁舎

③ 旧第一師団司令部庁舎

④ 旧近衛師団司令部庁舎

(51) 金澤町家で、正面を開放して商売するために柱の溝に沿っ
て擦り上げて収納できる板戸は（　　）である。

① 大戸

② 舞良戸
まいらど

③ 蔀戸
しとみど

④ 格子戸

(52) 金沢市笠市町の本願寺金沢別院本堂は、1849（嘉永 2）
年に大工（　　）によって建てられたもので、県指定文
化財になっている。

① 山上善右衛門

② 中川政乗

③ 黒田正重

④ 松井角平

(53) 金沢市大手町にあった旧津田玄蕃邸は、明治期には（　　）
として利用され、1923（大正 12）年に兼六園内に移築、
現在は県金沢城・兼六園管理事務所分室として使われて
いる。

① 化学館

② 理学館

③ 医学館

④ 薬学館

(54) かつて金沢の南町通りにあった大同生命金沢支社の建物
は、アメリカ出身の建築家で、医薬品を広めた実業家で
もあった、（　　）の設計によるものである。

① W.M. ヴォーリズ

② F.L. ライト

③ A. レーモンド

④ J. コンドル

(55) 金沢市材木町にあった醤油商の建物は1891（明治24）
年に野々市に移築され、現在は国重要文化財の（　　）
として保存されている。

① 佐野家住宅 　　　　　　② 野村家住宅
③ 喜多家住宅 　　　　　　④ 中村家住宅

【4】金沢の食文化、習わし、金沢ことばに関する問題です。以下の文章を読んで、かっこ内に入る適切な語句を選びなさい。

(56) 別名ツマジロといわれ、くせのない独特の香りとやわら
かさ、おいしさがある加賀野菜は（　　）である。

① 赤ずいき 　　　　　　② 金沢春菊
③ 金沢一本太ねぎ 　　　　　　④ 小松菜

(57) 加賀野菜の一つ、打木赤皮甘栗かぼちゃの栽培技術を金
沢に導入したのは（　　）である。

① 中田龍次郎 　　　　　　② 本岡三千治
③ 米林利雄 　　　　　　④ 松本佐一郎

(58) 金沢で食される山菜で「よしな」とも呼ばれている（　　）
は、熱湯に通すと鮮やかな緑色になり、食べるとややぬ
めりがある。

① かたは 　　　　　　② こごみ
③ せんな 　　　　　　④ くさぎ

(59) 金沢で花見魚と言えば（　　）のことを指している。

① アユ 　　　　　　② ゴリ
③ サヨリ 　　　　　　④ イサザ

(60) 親鸞の遺徳を偲ぶ報恩講行事に欠かせない食べものは
（　　　）と言われる。

① 胡麻豆腐　　　　　　　② 豆腐の田楽
③ いんげんの白和え　　　④ 豆腐の小豆汁

(61) 金沢市並木町の（　　　）には、能楽の宝生流 15 代宗家で
ある宝生紫雪の終焉の地を示す石碑がある。

① 浅野川稲荷神社　　　　② 蓮昌寺
③ 宝泉寺　　　　　　　　④ 猿丸神社

(62) 金沢の小立野地区に伝わる（　　　）は、藩祖利家の金沢
入城を祝って歌い踊ったのが始まりとされ、上野八幡神
社の秋祭りで奉納される。

① 餅つき踊り　　　　　　② 山王悪魔払い
③ 南無とせ節　　　　　　④ さかたおどり

(63) 「安政の泣き一揆」の首謀者として処罰された 7 人を弔う
ため、幕末の興行師で知られる（　　　）が呼びかけ、観
音坂の下に七稲地蔵が建てられた。

① 森下屋八右衛門　　　　② 宮竹屋純三
③ 福久屋伝六　　　　　　④ 綿津屋政右衛門

(64) （　　　）の町名は、付近を流れていた川が急で流れが速かっ
たため、高い音をたてていたところから、ついたとされる。

① 旧百々女木町 (とどめき)　　② 水溜町 (みずだめ)
③ 旧大音町 (おとう)　　　　④ 旧成瀬町 (なるせ)

(65) 次の町名の中で、金沢の城下町になかったのは（　　　）
である。

① 与力町　　　　　　　　② 百姓町
③ 大工町　　　　　　　　④ 馬廻町

(66) 藩政期に藩重臣の家臣団の下屋敷があったことに由来して名付けられた町名は（　　）である。
① 茨木町
② 里見町
③ 飛梅町
④ 彦三町

(67) 現在の金沢市東山１丁目の一部の旧町名（　　）は藩政期、乗馬が許されない平士に準ずる藩士が住んでいたことに由来する。
① 御歩町
② 五十人町
③ 同心町
④ 殿町

(68) 「かざがす」の意味は、金沢ことばで（　　）である。
① 物を積み上げる
② においをかぐ
③ なくしたものを探す
④ 風を避ける

(69) 金沢ことばで「まどう」は（　　）という意味の動詞である。
① う回する
② 弁償する
③ 迷う
④ 集まる

(70) 金沢の茶屋街で芸妓から「また、ほんなわやくいうて」と言われたが、「わやく」とは（　　）という意味である。
① おべんちゃら
② お愛想
③ 冗談
④ お世辞

217

【5】金沢の美術工芸、芸能に関する問題です。以下の文章を
読んで、かっこ内に入る適切な語句を選びなさい。

(71) (　　　) は、蒔絵の伝統を芸術の域にまで高めたといわれ、
重要無形文化財保持者（人間国宝）となり、文化勲章を
受章した戦後日本の工芸界を代表する人物である。
① 松田権六　　　　　　　② 大場松魚
③ 寺井直次　　　　　　　④ 前大峰

(72) 加賀藩士武田秀平は、春日山窯が文政初年ごろに廃絶さ
れたのを惜しみ、1822（文政5）年に (　　　) を開いた。
① 臥龍窯　　　　　　　　② 民山窯
③ 鶯谷窯　　　　　　　　④ 呉山窯

(73) 京都から蒔絵の名工・五十嵐道甫を金沢に招いたのは藩
主 (　　　) である。
① 利常　　　　　　　　　② 光高
③ 綱紀　　　　　　　　　④ 吉徳

(74) 金沢市堀川町の曹洞宗久昌寺には刀工の勝国・泰平など
のほか、(　　　) の墓がある。
① 兼若　　　　　　　　　② 兼重
③ 信友　　　　　　　　　④ 信忠

(75) 金沢市二俣町の真宗大谷派本泉寺の境内では、8月15日
の旧盆に (　　　) という盆踊りが行われる。
① 念仏踊り
② 南無とせ節
③ いやさか踊り
④ シャシャムシャ踊り

(76) 金沢城下における狂言は、10代藩主重教のころにはとりわけ（　　）流が盛んになった。

① 宝生　　　　　　　　　② 金剛

③ 金春　　　　　　　　　④ 和泉

(77) 加賀万歳の演目のほとんどが「とくわかに」で始まるが、この意味は（　　）である。

① 徳川に　　　　　　　　② 常若に

③ 遠くはかなき　　　　　④ 説く和歌に

(78) 加賀藩歴代藩主は能楽を好んだが、中でも（　　）は隠居後、金谷御殿に能舞台を造り、頻繁に演能した。

① 利常　　　　　　　　　② 重靖

③ 重教　　　　　　　　　④ 斉広

(79) 明治時代、下新町にあった寄席小屋は（　　）と呼ばれた。

① 酔狂亭　　　　　　　　② 福助座

③ 一九席　　　　　　　　④ 二八座

(80) 城下町金沢に茶道宗和流を興し、歴代継承してきたのは（　　）である。

① 林家家　　　　　　　　② 大樋家

③ 金森家　　　　　　　　④ 薮内家

(81) 加賀万歳の人気演目「町尽し」の冒頭に出てくる神社は（　　）である。

① 白髭神社　　　　　　　② 宇多須神社

③ 尾山神社　　　　　　　④ 上野八幡神社

(82) 兼六園の成巽閣にあり、13代藩主斉泰が造った煎茶室は
（　　）である。

① 山宇亭
さんうてい

② 松涛庵
しょうとうあん

③ 灑雪亭
さいせつてい

④ 三華亭
さんかてい

(83) 幕末期、能が演じられる機会はめっきり減り、壮猶館の
弾薬所で臨時に働いていた（　　）は、1866（慶応2）
年3月の爆発で多数死傷した。

① 兼芸御細工者

② 兼業町役者

③ 素人の役者

④ 御手役者

(84) （　　）では1618（元和4）年から能楽の舞囃子が行われ、
金沢町民の能として知られた。

① 犀川神社

② 金澤神社

③ 尾山神社

④ 久保市乙剣宮

(85) 金沢ゆかりの能「鉢木」は、北条時頼を貧しい武士が鉢
の木を焚いてもてなし、領地を与えられた物語であるが、
「加賀に（　　）」と謡っている。

① 桜井

② 梅田

③ 松枝

④ 竹久

【6】金沢ゆかりの文学に関する問題です。以下の文章を読ん
で、かっこ内に入る適切な語句を選びなさい。

(86) 金沢出身の作家・水芦光子は、代表作「雪の喪章」の中で、
自身の生家のことを描いている。生家の職業は（　　）だっ
た。

① 箔商

② 菓子商

③ 能楽師

④ 漆商

(87) 泉鏡花の「夫人利生記」は、金沢の（　　）を主な舞台
にしている。
① にし茶屋街　　　　　　② 主計町
③ ひがし茶屋街　　　　　④ 卯辰山山麓寺院群

(88) 作家（　　）は「前田利家」や「前田太平記」などの長
編時代小説で、加賀前田家を描いた。
① 安部龍太郎　　　　　　② 戸部新十郎
③ 中村彰彦　　　　　　　④ 嵐山光三郎

(89) 徳田秋声の小説で、師である尾崎紅葉の死の描写をめぐっ
て泉鏡花と仲たがいする原因となったのは「（　　）」で
ある。
① 爛　　　　　　　　　　② 縮図
③ 黴　　　　　　　　　　④ 和解

221

(90) 1924（大正13）年5月、室生犀星を訪ねて金沢を訪問し、
俳人 桂 井未翁の世話で兼六園内の三芳庵別荘に滞在した
のは、作家（　　）である。
① 芥川龍之介　　　　　　② 堀辰雄
③ 中野重治　　　　　　　④ 萩原朔太郎

(91) 宰相吉田茂の子で作家の吉田健一は、兼六園の成巽閣や
寺町の妙立寺で現実世界と幻想の異空間を自在に往来す
る小説（　　）を発表した。
① 怪奇な話　　　　　　　② 金沢
③ 酒宴　　　　　　　　　④ 時間

(92) 七尾生まれの作家（　　）は尋常小学校6年生の時、島田清次郎の令嬢誘拐監禁事件の新聞記事に接して関心を抱き、後年、「天才と狂人の間」を発表した。

① 杉森久英　　　　　　　　② 藤澤清造

③ 加能作次郎　　　　　　　④ 堀田善衛

【7】金沢ゆかりの人物に関する問題です。以下の文章を読んで、かっこ内に入る適切な語句を選びなさい。

(93) 今年生誕150年を迎えた鈴木大拙、西田幾多郎、藤岡作太郎は「加賀の三太郎」と呼ばれるが、（　　）の同級生である。

① 明倫堂　　　　　　　　　② 啓明学校

③ 第四高等中学校　　　　　④ 第四高等学校

(94) 金沢出身の書家（　　）は篆草合体といわれる自由奔放な書風を確立した。

① 細野燕台　　　　　　　　② 石川舜台

③ 北方心泉　　　　　　　　④ 藤原鉄乗

(95) イギリス人語学教師、（　　）は金沢藩に雇用されたお雇い外国人教師で、七尾軍艦所内の語学所に着任した。

① ホルトルマン　　　　　　② オーズボン

③ スロイス　　　　　　　　④ デッケン

(96) 1888（明治21）年、全国で初めて上安原村で田区改正（耕地整理）を行ったのは（　　）である。

① 松本佐一郎　　　　　　　② 表与兵衛

③ 高多久兵衛　　　　　　　④ 西川長右衛門

(97) 1902 (明治35) 年、( ) は国内初の製箔機を完成させ、
金沢市における金箔の生産は急増した。

① 津田米次郎
② 井口在屋
③ 安江孝明
④ 三浦彦太郎

(98) 1946 (昭和21) 年、金沢出身の仏教哲学者鈴木大拙は
仏教研究の拠点として北鎌倉の臨済宗 ( ) の裏山に
財団法人松ヶ岡文庫を設立した。

① 円覚寺
② 東慶寺
③ 建長寺
④ 建仁寺

(99) 社会福祉法人「陽風園」の創始者 ( ) は日本の社会
福祉の草分けの1人であり、北陸における「社会事業の父」
と言われる。

① 横山源之助
② 荒崎良道
③ 小野太三郎
④ 安藤謙治

(100) 「北陸の宝塚」と呼ばれた粟崎遊園を創設したのは金沢の
( ) である。

① 山科直治
② 平沢嘉太郎
③ 南喜一
④ 円中孫平

(1)	②	能登ヒバ	(26)	④	浅野光晟
(2)	④	ＳＡＭＵＲＡＩ	(27)	②	河北門
(3)	④	陸軍第九師団司令部庁舎	(28)	④	滋賀県
(4)	①	橋本真之	(29)	①	長連龍
(5)	③	烏山頭	(30)	②	花降銀
(6)	④	草	(31)	③	肥前守
(7)	②	赤ずいき	(32)	④	桑華字苑
(8)	③	いのち	(33)	④	大蓮寺
(9)	④	東原町	(34)	③	太梁公日記
(10)	③	安江住吉	(35)	③	斉広
(11)	①	芝居小屋	(36)	④	瑞泉寺
(12)	①	遊戯	(37)	②	教諭方
(13)	④	釣部	(38)	④	栄操院
(14)	①	レアンドロ・エルリッヒ	(39)	③	徳川綱吉
(15)	④	木質都市	(40)	③	壮猶館
(16)	②	西念・南新保遺跡	(41)	②	切り石積み(切込みハギ)
(17)	④	日本霊異記	(42)	③	夕顔亭
(18)	①	紀末成	(43)	②	千宗室
(19)	②	証如	(44)	③	末浄水場園地
(20)	①	松坂門	(45)	①	きこり
(21)	④	お叱りの御書	(46)	④	夕日寺健民自然園
(22)	④	保科正之	(47)	①	勝興寺
(23)	②	松平容保	(48)	②	土蔵造り
(24)	①	太田長知	(49)	④	大坂冬の陣
(25)	③	12代斉広	(50)	④	旧近衛師団司令部庁舎

(51)	③	蔀戸	(76)	④	和泉
(52)	②	中川政乗	(77)	②	常若に
(53)	③	医学館	(78)	③	重教
(54)	①	W.M. ヴォーリズ	(79)	③	一九席
(55)	③	喜多家住宅	(80)	③	金森家
(56)	②	金沢春菊	(81)	④	上野八幡神社
(57)	④	松本佐一郎	(82)	④	三華亭
(58)	①	かたは	(83)	①	兼芸御細工者
(59)	③	サヨリ	(84)	④	久保市乙剣宮
(60)	④	豆腐の小豆汁	(85)	②	梅田
(61)	①	浅野川稲荷神社	(86)	①	箔商
(62)	①	餅つき踊り	(87)	④	卯辰山山麓寺院群
(63)	④	綿津屋政右衛門	(88)	②	戸部新十郎
(64)	①	旧百々女木町	(89)	③	徽
(65)	④	馬廻町	(90)	①	芥川龍之介
(66)	③	飛梅町	(91)	②	金沢
(67)	①	御歩町	(92)	①	杉森久英
(68)	②	においをかぐ	(93)	③	第四高等中学校
(69)	②	弁償する	(94)	③	北方心泉
(70)	③	冗談	(95)	②	オーズボン
(71)	①	松田権六	(96)	③	高多久兵衛
(72)	②	民山窯	(97)	④	三浦彦太郎
(73)	①	利常	(98)	②	東慶寺
(74)	①	兼若	(99)	③	小野太三郎
(75)	③	いやさか踊り	(100)	②	平沢嘉太郎

第16回
金沢検定試験問題
《上級》

【1】金沢の最近の話題や出来事、まちづくりに関する問題です。以下の文章を読んで、かっこ内に入る適切な語句を選びなさい。

（1）金沢城二の丸御殿の復元に向けて大きく前進するきっかけとなった仕様書「二之御丸御殿御造営内装等覚及び見本・絵形」の作成者は焼失した二の丸御殿再建に携わった御大工頭の（　　　）である。

① 清水峰光
② 藤岡庄左衛門
③ 木原木工允
④ 井上庄右衛門

（2）金沢城鼠多門・橋の供用に伴い、尾山神社境内にある県内最古の赤れんが玉垣が注目されているが、赤れんがの製法を金沢に持ち込んだのは大阪・堺で焼成方法を学んだ元加賀藩士の（　　　）とされている。

① 河野久太郎
② 遠藤高環
③ 岸市之丞
④ 津田吉之助

（3）金沢の国立工芸館入口正面の中庭には、世界的陶芸家の（　　　）氏が手掛けた国内最大級の大型陶磁作品が来館者を迎える。

① アイザワ・リエ
② 金子潤
③ 奥野宏
④ 五味謙二

（4）金沢港クルーズターミナル待合エリアの柱2本の全8面を彩る伝統工芸に含まれていないのは（　　）である。

① 加賀友禅　　　　　　　② 輪島塗
③ 加賀象嵌　　　　　　　④ 九谷焼

（5）太平洋戦争末期の1944（昭和19）年から終戦までの約1年間、加賀藩前田家の所蔵品が空襲を避けるため、金沢市山あいの集落（　　）町に疎開していたことが今年8月、元住民の証言と関係資料で明らかになった。

① 熊走　　　　　　　　　② 宮野
③ 砂子坂　　　　　　　　④ 釣部

（6）金沢21世紀美術館は2018（平成30）年、地域のアートプロジェクトの活動拠点として（　　）にスタジオを開設し、今夏も物品販売やイベント用にスペースを無料貸し出しする「週末屋台」を行った。

① 森本　　　　　　　　　② 粟崎
③ 金石　　　　　　　　　④ 末町

（7）鈴木大拙館（金沢市）の設計者である谷口吉生氏は今年5月、建築界に感銘を与えた建築家に贈られる第33回（　　）賞を受賞した。

① 村野藤吾　　　　　　　② 辰野金吾
③ 松井源吾　　　　　　　④ 吉田五十八

（8）1882（明治15）年、東京でコレラが発生し、飲み水を介して広がるコレラを防ぐには衛生環境の向上が欠かせないとして、神田下水が整備された。これを設計したのは金沢出身の内務省技師（　　）である。コロナ禍の今春、掘り起こされた。

① 井口在屋　　　　　　　② 高橋順太郎
③ 石黒五十二　　　　　　④ 滝川秀蔵

227

(9) 四半世紀以上にわたり寺町寺院群で、地域に響く鐘の音を守り伝えようと活動する住民団体「（　　）鐘音愛好会」は、会員の高齢化が進み、次世代に音の風景を伝えるため新たな会員確保に乗り出した。

① 野町　　　　　　　　　② 寺町
③ 泉寺町　　　　　　　　④ 野田寺町

(10) 今年8月に亡くなった劇作家で文化勲章受章者の山崎正和さんは、作家丸谷才一さんとの対談で金沢を指し「（　　）的な町」と指摘した。

① 文学　　　　　　　　　② 戯曲
③ 江戸　　　　　　　　　④ 京都

(11) 創業180年を刻む尾張町2丁目の老舗（　　）は、大正初期の旧店舗をそのまま継ぐテナントを募集したところ、市内のギャラリー経営者がほぼ外装を保って新業態で引き継いだ。

① 石黒商店　　　　　　　② 不室屋
③ 松田文華堂　　　　　　④ 森忠商店

(12) 国指定史跡の辰巳用水はこのほど、国際水圏環境工学会の「（　　）」に国内で初めて選ばれた。江戸期の高い土木技術や現代まで続く維持管理が高く評価された。

① アジアの水圏環境遺産
② アジアの水遺産
③ アジアの水路遺産
④ アジアの環境工学遺産

(13) 金沢市の起業支援ウェブサイト「(　　)」は新規ビジネスに乗り出す人が参考にしやすいよう、若手や女性起業家の活動をデータベース化し、新たな産業の創出につながる挑戦を後押しする内容に刷新された。

① やる気応援課　　　　　　② やってみよう課

③ 起業しよう課　　　　　　④ はたらこう課

(14) 1941（昭和16）年8月から42年1月までの半年間、市電運営を担った「(　　)」の社名入り「幻の市電切符」が金沢くらしの博物館に展示された。

① 北陸合同電気　　　　　　② 北陸合同電鉄

③ 金沢電気鉄道　　　　　　④ 金沢合同電鉄

(15) 1948（昭和23）年、訓練中の米軍機2機が金沢の山間部（　　）上空で衝突し、乗員数人が死亡する痛ましい事故が起きたが、占領下の時代、長らく公にされることはなかった。今年、地元住民らによって慰霊祭が営まれた。

① 不動寺町　　　　　　　　② 四王寺町

③ 不室町　　　　　　　　　④ 東原町

【2】 金沢の歴史に関する問題です。以下の文章を読んで、かっこ内に入る適切な語句を選びなさい。

(16) 縄文時代の中屋サワ遺跡から出土した国指定有形文化財の籃胎漆器の鉢は（　　）を編んで骨組みとしている。

① 竹　　　　　　　　　　　② 蔓

③ 木　　　　　　　　　　　④ 草

(17) 730（天平2）年、遣渤海使・引田虫麻呂らは渤海国から帰国し、加賀郡で食事を提供された。同じ「天平二年」の年号を墨書きした土器が金沢市内の（　）から出土している。

① 上荒屋遺跡　　　　　② 広坂遺跡
③ 三小牛ハバ遺跡　　　④ 畝田・寺中遺跡

(18) 「日本霊異記」の説話に、越前国加賀郡大野郷（　）に住んでいた人物として横江臣成人と母の成刀自女が登場する。

① 寺中　　　　　　　　② 戸水
③ 畝田村　　　　　　　④ 藤江村

(19) 堅田館跡からの出土品は、石川県指定文化財である。特に、門に掲げられていた木製の（　）は鎌倉時代の「建長三（1251）年」と「弘長参（1263）年」の年号を持ち、全国的にも貴重である。

① 牓示札　　　　　　　② 卒塔婆
③ 具注暦　　　　　　　④ 巻数板

(20) 1491（延徳3）年、室町幕府の前管領細川政元は公家の冷泉為広を誘い、越後への旅に出た。現金沢市米泉地区で（　）の屋敷に逗留したと、為広の日記に記す。

① 慶覚坊　　　　　　　② 光徳寺
③ 清沢坊　　　　　　　④ 専光寺

(21) 森下川上流の三谷地区は、「三谷法華」とも呼ばれる中世法華信仰が濃密だった所で、中心的な（　）は金沢市指定文化財である文明4（1472）年銘の木造日蓮聖人座像を安置している。

① 円乗寺　　　　　　　② 本興寺
③ 法華寺　　　　　　　④ 本蓮寺

(22) 金沢西別院が所蔵する金沢市指定有形文化財の「絹本著
色本願寺三上人像」は、本願寺6代巧如、7代（　　）、
8代蓮如を描いた3幅の絵画で、金沢御堂に伝来したも
のではないかと言われている。

①　存如　　　　　　　　　　②　実如

③　証如　　　　　　　　　　④　顕如

(23) 17世紀中葉の金沢城下絵図をみると、今の兼六園のエリ
アに奥村伊予守家や（　　）の邸宅が並び、重臣の屋敷
地であったことがわかる。

①　横山山城守　　　　　　　②　前田土佐守

③　篠原出羽守　　　　　　　④　津田玄蕃

(24) 加賀藩祖・前田利家の四女豪は、秀吉の養女となり宇喜
多秀家の正室となって（　　）と呼ばれたが、関ケ原合
戦に敗れ配流された秀家より先に金沢で病死した。

①　梅園院　　　　　　　　　②　樹正院

③　清泰院　　　　　　　　　④　寿光院

(25) 細工奉行も務めた有沢武貞は甲州流の兵学を究め、測量
術も磨き、永年の苦労の末、1734（享保19）年、（　　）
を完成させ藩に献上した。

①　加賀国金沢之絵図

②　金沢十九枚御絵図

③　金府大絵図

④　金沢城下町割正極之大図

(26) （　　）の嫡男忠隆に嫁した3代藩主利常の姉、千世は関
ケ原合戦前の混乱の中、姑から自害を迫られたが拒否し、
屋敷を出たため離縁され、金沢に帰った。

①　本多忠政　　　　　　　　②　細川忠興

③　浅野長政　　　　　　　　④　森忠政

(27) 町方の石切職人であった（　　）は、扶持人石切から藩
の穴生職に取り立てられ、地車を考案するなど宝暦大火
後の金沢城石垣修復に力を発揮した。

① 正木甚左衛門　　　　　② 後藤彦三郎

③ 穴太源介　　　　　　　④ 戸波駿河

(28) 1683（天和3）年、5代藩主前田綱紀は、江戸本郷邸を
上屋敷、（　　）を中屋敷、平尾邸を下屋敷と改めた。

① 駒込邸　　　　　　　　② 牛込邸

③ 板橋邸　　　　　　　　④ 辰口邸

(29) 加賀藩初期に金沢町奉行をつとめた脇田直賢の父は、朝
鮮王朝の翰林学士（　　）である。

① 金如鉄　　　　　　　　② 雨森芳州

③ 金時省　　　　　　　　④ 巨山泉滴

(30) 3代藩主利常は「鼻毛の殿様」として知られるが、これ
は（　　）に掲載される逸話である。

① 三壺聞書　　　　　　　② 明良洪範

③ 松梅語園　　　　　　　④ 懐恵夜話

(31) 5代藩主前田綱紀に仕えた加賀藩士で、「徒然草」注釈
書の中で最大の書とされる「徒然草諸抄大成」の編者は
（　　）である。

① 浅香久敬　　　　　　　② 室鳩巣

③ 新井白石　　　　　　　④ 芳賀一晶

(32) （　　）は寛永期、加賀藩の算用場奉行を務め、奥能登の
奉行となり、年貢算用の不備を指摘され罷免された。4
代藩主光高の時代、切腹を命じられた。

① 脇田九兵衛　　　　　　② 津田源右衛門

③ 宮崎蔵人　　　　　　　④ 稲葉左近

(33) 石川県と金沢市が、1955（昭和30）年に大型住宅団地の先駆けとして市郊外に造成したのは（　　）である。
　① 額団地　　　　　　　　② 円光寺団地
　③ みどり団地　　　　　　④ 木越団地

(34) 金沢市で1923（大正12）年に設置された公設市場は、香林坊市場、巴町市場、浅野川市場、白山町市場と（　　）市場の5市場であった。
　① 片町　　　　　　　　　② 近江町
　③ 六斗林広見　　　　　　④ 兼六

(35) 金沢の市街電車、金沢電気軌道の路線のうち、1919（大正8）年2月に最初に開通したのは、（　　）間の幹線ルートだった。
　① 金沢駅―兼六園下
　② 兼六園下―犀川大橋
　③ 武蔵ケ辻―香林坊
　④ 兼六園下―小立野

(36) かつて兼六園内に建立されていた「加越能維新勤王紀念標」は、旧藩主前田慶寧を模した銅像であったが、この像の原型を制作したのは、彫刻家（　　）であった。
　① 都賀田勇馬　　　　　　② 相川松涛
　③ 高村光雲　　　　　　　④ 吉田三郎

(37) 金沢市内には、ひがし・にし・主計の3茶屋街のほか、郊外金石地区にも（　　）に、幕末から茶屋ができた。
　① 相生町　　　　　　　　② 通町
　③ 海禅寺町　　　　　　　④ 今町

(38) 大正期、卯辰山公園の整備計画に金沢市の委嘱で関与した（　　）は、日比谷公園などの設計で知られる林学博士である。

① 小川治兵衛　　　　　　② 原熙
③ 重森三玲　　　　　　　④ 本多静六

(39) 四高の開校式に当たって中屋彦十郎ら地元有志が寄贈したのが、当時極めて高価であった（　　）で、現在も石川四高記念文化交流館に展示されている。

① 日葡辞書
② 康熙字典
③ エンサイクロペディア・ブリタニカ
④ ウェブスター英語辞典

(40) 1880（明治13）年、皇族である有栖川宮家の威仁親王に嫁いだのが、前田家の14代藩主慶寧の四女（　　）姫であった。

① 慰　　　　　　　　　　② 貞
③ 通　　　　　　　　　　④ 富

【3】金沢の史跡、庭園、地理、寺社、建造物に関する問題です。以下の文章を読んで、かっこ内に入る適切な語句を選びなさい。

(41) かつて金沢市内の（　　）に名瀑（滝）の「霞ケ滝」があった。

① 卯辰山の帰厚坂の横
② 小立野台の八坂の横
③ 寺町台の御参詣坂脇
④ 小立野台の馬坂の横

(42) 3代藩主利常が、京都から庭造りの名手（　　）を招き、
金沢城の玉泉院屋敷跡で庭造りを始めたのは 1634（寛
永 11）年である。

① 賢庭　　　　　　　　　② 剣左衛門
③ 石川丈山　　　　　　　④ 金森重近

(43) 兼六園の小立野側の築山は（　　）といい、外惣構の土
を盛り上げた土塁の跡で、防備のため植えたケヤキなど
が巨樹になって今も残る。

① 山崎山　　　　　　　　② 鳳凰山
③ 栄螺山　　　　　　　　④ 蓬莱山

(44) 金沢の尾山神社や南町の古民家の庭にあるマンサク科の
樹木イスノキは、別名「（　　）」と呼ばれている。

① ミョンノキ　　　　　　② ヒョンノキ
③ リョンノキ　　　　　　④ キョンノキ

(45) 1996（平成 8）年に開館した石川県金沢港大野からくり
記念館を設計した建築家は、石川県七尾美術館も設計し
た（　　）である。

① 内田祥三　　　　　　　② 磯崎新
③ 内井昭蔵　　　　　　　④ 妹島和世

(46) 5代藩主綱紀の御霊屋は小立野の（　　）に建てられたが、
明治時代に佐奇神社に移築された。

① 宝円寺　　　　　　　　② 波着寺
③ 如来寺　　　　　　　　④ 天徳院

(47) 尾﨑神社の社殿は 1643（寛永 20）年、幕府御大工の
　　（　　）の設計により金沢城内に建てられた東照宮を移
　　築したものである。
　　① 黒田正重　　　　　　　② 中井正清
　　③ 木原木工允　　　　　　④ 山上善右衛門

(48) 長町にある武家屋敷跡野村家の建物は、加賀市橋立町に
　　あった北前船主・（　　）家の邸宅の上段の間、謁見の間
　　を移築したものである。
　　① 西谷庄八　　　　　　　② 大家七平
　　③ 久保彦兵衛　　　　　　④ 熊田源太郎

(49) 江戸時代、金沢は何度か大火に遭った。1759（宝暦9）
　　年の大火は寺町寺院群の（　　）から出火したとされて
　　いる。
　　① 妙慶寺　　　　　　　　② 舜昌寺
　　③ 妙典寺　　　　　　　　④ 遍照寺

(50) 金沢西国三十三観音霊場の第 33 番札所は現在の（　　）
　　である。
　　① 観音院　　　　　　　　② 宝幢寺
　　③ 岩倉寺　　　　　　　　④ 波着寺

(51) 12 代藩主斉広の時、兼六園の竹沢御殿築造の責任者は
　　（　　）である。
　　① 前田直時　　　　　　　② 横山康玄
　　③ 村井長世　　　　　　　④ 奥村栄実

(52) 境内に「うらやまし浮世の北の山桜」と書かれた松尾芭
　　蕉の句碑があるのは（　　）神社である。
　　① 平岡野　　　　　　　　② 鹿島
　　③ 豊田白山　　　　　　　④ 野蛟

(53) 長坂用水は、5代藩主綱紀が泉野村一帯の新田開発と失
業者対策を目的に築造し、押野村の十村（　　）が中心
となって 1671（寛文 11）年に完成させた。

① 小山良左衛門　　　　　② 枝権兵衛

③ 後藤太兵衛　　　　　　④ 富永佐太郎

(54) 金沢市広坂 1 丁目の県有施設「城南荘」は、旧加賀八家
の 1 つである横山家の第 13 代当主（　　）が 1894（明
治 27）年に建設した居宅の一部である。

① 隆俊　　　　　　　　　② 隆良

③ 隆平　　　　　　　　　④ 隆章

(55) 浅野川の橋で、甦橋の異名をとるのは（　　）である。

① 天神橋　　　　　　　　② 応化橋

③ 中の橋　　　　　　　　④ 梅ノ橋

【4】金沢の食文化、習わし、金沢ことば、伝承に関する問題
です。以下の文章を読んで、かっこ内に入る適切な語句
を選びなさい。

(56) 男の子が生まれて初めて迎える正月に、嫁の実家からか
つてよく贈られた軍配形の餅を（　　）という。

① 杵巻き　　　　　　　　② 行司巻き

③ 勇壮巻き　　　　　　　④ 天下巻き

(57) 加賀野菜の金時草の栽培に関係する人物は（　　）で
ある。

① 向田吉右衛門　　　　　② 中田龍次郎

③ 米林利雄　　　　　　　④ 松本佐一郎

(58) 金沢市などの農家や和菓子店の有志で構成する「農菓（のうか）
プロジェクト」は、おはぎの夏の別称「夜舟」・冬の別
称「（　　　）」を浸透させ、四季を通じたおはぎの消費
拡大を目指している。

① 東風　　　　　　　　　② 西鶴
③ 南天　　　　　　　　　④ 北窓

(59) 加賀藩領内でつくられた塩辛に、大名の名を冠するもの
がある。その名は（　　　）という。

① 政宗　　　　　　　　　② 早雲
③ 成政　　　　　　　　　④ 謙信

(60) ＪＡ金沢市と市内のビール醸造所が共同で、加賀野菜
（　　　）を使ったビールを開発した。

① くわい
② 打木赤皮甘栗かぼちゃ
③ ヘタ紫なす
④ 加賀太きゅうり

(61) 金沢市大桑町の果樹園などで導入され、人気が高まって
いる初の県産リンゴは「（　　　）」である。

① 秋星　　　　　　　　　② 秋陽
③ 秋月　　　　　　　　　④ 秋気

(62) ３代藩主利常は隠居して間もなく、「（　　　）」の作成に当
たり、出自を菅原氏と決めた。

① 藩翰譜　　　　　　　　② 貞享諸家書付
③ 寛永諸家系図伝　　　　④ 寛政重修諸家譜

(63) 金沢の町会所は江戸初期、博労町の町人（　　）の居宅
に置かれたと伝えられている。
① 宮竹屋純蔵　　　　　② 竹屋仁兵衛
③ 浅野屋次郎兵衛　　　④ 香林坊三郎右衛門

(64) 金沢の城下町は、武士の拝領地、足軽の組地、町人の住
む本町・（　　）・地子町・寺社門前地・相対請地などに
分かれていた。
① 家柄町人地　　　　　② 家中町
③ 七ケ所　　　　　　　④ 五ケ所

(65) 元和年間（1615～24）の城下町金沢で（　　）が流行
したと伝わる。
① 伊勢踊り　　　　　　② ええじゃないか
③ 盆正月　　　　　　　④ 踊り念仏

(66) 現在の賢坂辻交差点から小立野台に続く高台にあり、江
戸時代、「材木町の小城」と呼ばれたのは（　　）の屋敷
である。
① 多賀数馬　　　　　　② 奥村内膳
③ 西尾隼人　　　　　　④ 成瀬内蔵助

(67) 旧町名の板前町は、藩主の台所衆の板前者の組屋敷地で
あったことにちなみ、その位置は現在の（　　）あたり
に相当する。
① 扇町　　　　　　　　② 野町
③ 天神町　　　　　　　④ 小立野

(68) 「だいさこく」という金沢ことばは（　　）という意味で
使われる。
① 大げさな嘘をつく　　② とても驚く
③ 偉そうにする　　　　④ 派手に着飾る

(69) 昭和30年代頃まで子供たちは厳冬期、「きんかんなまなま」になった道で、手製スケートの（　　）で遊んだ。
① 竹すいすい
② 竹まっぽ
③ 竹ぽっぽ
④ 竹すべり

(70) 金沢ことばで「ずこいきれ」は（　　）という意味である。
① 息つぎ
② 頭にくる
③ のぼせ上がる
④ 頭痛

【5】 金沢の美術工芸、芸能に関する問題です。以下の文章を読んで、かっこ内に入る適切な語句を選びなさい。

(71) 3代藩主利常は蒔絵や金工などの優れた名工を招いたが、ことに金工では後藤家の7代（　　）や上後藤家の覚乗を召し抱え、1年交代で金沢に下向させた。
① 顕乗
② 才次郎
③ 程乗
④ 演乗

(72) 金沢の（　　）を菩提寺とする宮崎寒雉家は、歴代、茶の湯釜の制作にあたり、今日までその業を受け継いでいる。
① 宝勝寺
② 真長寺
③ 金剛寺
④ 少林寺

(73) 中国・宋時代の陶技を追求した射水市出身の人間国宝（　　）は、大正末期、金沢市法島町に窯を築いて作陶したことがある。
① 富本憲吉
② 清水卯一
③ 石黒宗麿
④ 河井寛次郎

(74) 1972（昭和47）年、加賀象嵌で国の「記録作成等の措置を講ずべき無形文化財」とされたのは、同年、他界した（　　　）だった。

① 金岡宗幸　　　　　　　② 水野源六
③ 米沢弘安　　　　　　　④ 山川孝次

(75) 藩政時代、大樋焼のほかにも、「加賀楽焼」と称する陶器制作が行われ、医師だった（　　　）、小原伊平、原呉山らが茶陶などの佳品を焼いた。

① 本多貞吉　　　　　　　② 武田民山
③ 横萩一光　　　　　　　④ 山本與興

(76) 加賀友禅作家の（　　　）は石川県指定無形文化財保持団体・加賀友禅技術保存会の初代会長である。

① 梶山伸　　　　　　　　② 木村雨山
③ 毎田仁郎　　　　　　　④ 成竹登茂男

241

(77) 金沢の絵師である梅田九栄の家祖の服部喜平次は、1629（寛永6）年、（　　　）国から移ってきた。

① 尾張　　　　　　　　　② 美濃
③ 越中　　　　　　　　　④ 越前

(78) 金沢城下図屏風（石川県立歴史博物館蔵）の筆者で知られる福島秀川は、（　　　）に学んで画技を修得したという。

① 佐々木泉龍　　　　　　② 佐々木泉山
③ 狩野墨川　　　　　　　④ 狩野即誉

(79) （　　　）は、京狩野の鶴沢派の画技を修得し、1809（文化6）年からの金沢城二の丸御殿の再建に数多くの絵を描いた。

① 佐々木泉石　　　　　　② 佐々木泉景
③ 岸駒　　　　　　　　　④ 狩野即誉

(80) 金沢の獅子舞の棒振りは、薙刀や剣術、鎖鎌の型などが
加えられたものといわれ、南部の半兵衛流、北部の（　　）
流が知られる。
① 北辰　　　　　　　　　　② 土方
③ 近藤　　　　　　　　　　④ 草深

(81) 1585（天正13）年の富山の役の帰路、金沢城に滞在し
た羽柴秀吉をもてなすため、前田利家は茶会を開き、茶
堂を務めた（　　）に褒美の小袖を与えた。
① 原田清次郎維利　　　　　② 中野笑雲
③ 片岡孫兵衛　　　　　　　④ 千利休

(82) 1913（大正2）年に香林坊でオープンした、金沢で初め
ての映画専用劇場は（　　）である。
① スメル館　　　　　　　　② トルコ館
③ 菊水倶楽部　　　　　　　④ 尾山倶楽部

(83) 1921（大正10）年頃、羽二重商を営んでいた本郷長次郎が、
金沢に邸宅を新築した際、表千家家元の指導により作っ
た茶室を（　　）という。
① 松向庵　　　　　　　　　② 松涛庵
③ 松声庵　　　　　　　　　④ 松風閣

(84) 1927（昭和2）年、日展の前身である帝展に初めて設け
られた工芸部門への応募者のうち、金沢からの入選者は、
漆芸の小松芳光と陶芸の（　　）だけだった。
① 大樋長左衛門　　　　　　② 利岡光仙
③ 柄本暁舟　　　　　　　　④ 安達陶仙

(85) 漆聖とも呼ばれる松田権六は東京美術学校卒業後、並木製作所に入所し（　　）を制作した。

① 蒔絵筆箱
② 蒔絵硯箱
③ 蒔絵仏壇
④ 蒔絵万年筆

【6】金沢ゆかりの文学に関する問題です。以下の文章を読んで、かっこ内に入る適切な語句を選びなさい。

(86) 江戸時代中期を代表する俳人・小説家・画家として知られる建部綾足が1745（延享2）年から1746（同3）年にかけて金沢に滞在した時、その世話をして当時の金沢俳壇の中心だった俳人は（　　）である。

① 立花北枝
② 暮柳舎希因
③ 堀麦水
④ 千代女

(87) 劇作家、演劇評論家として活躍した金沢出身の（　　）は、芥川龍之介と親しく、ともに夏目漱石のもとに出入りしていた。

① 北村喜八
② 藤澤清造
③ 藤岡作太郎
④ 岡栄一郎

(88) 作家の髙樹のぶ子の小説「百年の預言」で、主人公たちは兼六園の（　　）で、物語の鍵となる楽譜の暗号を解くヒントを得る。

① 瓢池
② 翠滝
③ 徽軫灯籠
④ 噴水

(89) 1942（昭和17）年、72歳の時帰郷して「郷里金沢」
と題して講演し、「疲れた体と、心の憩いを求めるのに、
こんな静かな、しかも、伝統的な文化生活に恵まれた土
地があつたのかと、墳墓の地に、愛著を感ずるに違いない」
と語ったのは、作家（　　）である。

① 室生犀星　　　　　　　　② 泉鏡花
③ 中野重治　　　　　　　　④ 徳田秋声

(90) 「ブラック・ヴィーナス　投資の女神」で第14回『この
ミステリーがすごい！』大賞を受賞し、「仕掛ける」、「看
守の流儀」などを発表している金沢在住の作家は、（　　）
である。

① 本谷有希子　　　　　　　② 米澤穂信
③ 水橋美奈江　　　　　　　④ 城山真一

(91) 大宅壮一ノンフィクション賞佳作を受賞した「廓のおん
な」など、金沢を舞台にした文学作品を数多く残した井
上雪は、俳誌「（　　）」の創刊にも参加した。

① 風花　　　　　　　　　　② 雪垣
③ 古志　　　　　　　　　　④ 澤良木

(92) 第1回泉鏡花文学賞を受賞したのは「産霊山秘録」の半
村良と「（　　）」の森内敏雄である。

① 誘惑者　　　　　　　　　② 悪夢の骨牌
③ 翔ぶ影　　　　　　　　　④ 虚人たち

【7】金沢ゆかりの人物に関する問題です。以下の文章を読んで、かっこ内に入る適切な語句を選びなさい。

(93) 日本における神経内科学の確立に心血を注ぎ、戦後の医学界をリード、文化勲章を受章したのは金沢生まれの（　　）である。
① 高安右人
② 冲中重雄
③ 泉仙助
④ 田中信吾

(94) 加賀藩最初の留学生としてロンドンに渡ったのは関沢孝三郎と（　　）の2人である。
① 佐野鼎
② 沢田直温
③ 岡田秀之助
④ 岡田雄次郎

(95) 旧制四高、東大を卒業し、住友財閥の総理事も務めた金沢生まれの（　　）は、戦時中の第2次、第3次近衛文麿内閣で大臣を務めた。
① 早川千吉郎
② 林安繁
③ 小倉正恒
④ 山岡順太郎

(96) 金沢出身の（　　）が設計し、1892（明治25）年に完成した巡洋艦「秋津洲」は、設計から建造までの全てを日本国内で初めて行ったもので、これにより日本の建艦技術が成立したといわれる。
① 辰巳一
② 桜井省三
③ 土師外次郎
④ 佐雙左仲

(97) 1931（昭和6）年、（　　）は、生活に困窮した人々を受け入れるため、現在の森山善隣館の前身となる「東山寮」を建設した。
① 安藤謙治
② 荒崎良道
③ 浦上太吉郎
④ 小野太三郎

(98) 大野弁吉の弟子として知られる（　　）は、からくり人
　　形の製作をはじめ、金沢の南町界隈で測量器などの器物
　　店も営んでいた。
　　① 米林八十八　　　　　　② 朝倉長右衛門
　　③ 粟生屋源右衛門　　　　④ 松原一記

(99) 1902（明治 35）年、実業会派の奥村栄滋が金沢市長を
　　辞任したあと、同じ実業会派の（　　）が就任した。
　　① 渡瀬政礼　　　　　　　② 片岡安
　　③ 相良歩　　　　　　　　④ 吉川一太郎

(100) 銭屋五兵衛の二男佐八郎の妻ていは、望遠鏡や顕微鏡を
　　作製して藩主に献上したことで知られる（　　）の娘で
　　あり、五兵衛は彼との交流で科学的知見を深めたと言わ
　　れている。
　　① 大橋作之進　　　　　　② 松田東英
　　③ 大野弁吉　　　　　　　④ 黒川良安

(1)	④	井上庄右衛門	(26)	②	細川忠興
(2)	③	岸市之丞	(27)	①	正木甚左衛門
(3)	②	金子潤	(28)	①	駒込邸
(4)	③	加賀象嵌	(29)	③	金時省
(5)	④	釣部	(30)	②	明良洪範
(6)	③	金石	(31)	①	浅香久敬
(7)	①	村野藤吾	(32)	④	稲葉左近
(8)	③	石黒五十二	(33)	②	円光寺団地
(9)	①	野町	(34)	③	六斗林広見
(10)	③	江戸	(35)	①	金沢駅一兼六園下
(11)	④	森忠商店	(36)	④	吉田三郎
(12)	②	アジアの水遺産	(37)	①	相生町
(13)	④	はたらこう課	(38)	④	本多静六
(14)	①	北陸合同電気	(39)	③	エンサイクロペディア・ブリタニカ
(15)	④	東原町	(40)	①	慰
(16)	①	竹	(41)	②	小立野台の八坂の横
(17)	④	畝田・寺中遺跡	(42)	②	剣左衛門
(18)	③	畝田村	(43)	①	山崎山
(19)	④	巻数板	(44)	②	ヒョンノキ
(20)	①	慶覚坊	(45)	③	内井昭蔵
(21)	②	本興寺	(46)	④	天徳院
(22)	①	存如	(47)	③	木原木工允
(23)	①	横山山城守	(48)	③	久保彦兵衛
(24)	②	樹正院	(49)	②	舜昌寺
(25)	④	金沢城下町割正極之大図	(50)	④	波着寺

(51)	①	前田直時	(76)	①	梶山伸	
(52)	④	野蛟	(77)	①	尾張	
(53)	③	後藤太兵衛	(78)	③	狩野墨川	
(54)	③	隆平	(79)	②	佐々木泉景	
(55)	①	天神橋	(80)	②	土方	
(56)	①	杵巻き	(81)	③	片岡孫兵衛	
(57)	②	中田龍次郎	(82)	③	菊水倶楽部	
(58)	④	北窓	(83)	①	松向庵	
(59)	①	政宗	(84)	③	柄本暁舟	
(60)	②	打木赤皮甘栗かぼちゃ	(85)	④	蒔絵万年筆	
(61)	①	秋星	(86)	②	暮柳舎希因	
(62)	③	寛永諸家系図伝	(87)	④	岡栄一郎	
(63)	②	竹屋仁兵衛	(88)	①	瓢池	
(64)	③	七ケ所	(89)	④	徳田秋声	
(65)	①	伊勢踊り	(90)	④	城山真一	
(66)	④	成瀬内蔵助	(91)	②	雪垣	
(67)	③	天神町	(92)	③	翔ぶ影	
(68)	④	派手に着飾る	(93)	②	冲中重雄	
(69)	③	竹ぽっぽ	(94)	③	岡田秀之助	
(70)	③	のぼせ上がる	(95)	③	小倉正恒	
(71)	①	顕乗	(96)	④	佐雙左仲	
(72)	④	少林寺	(97)	③	浦上太吉郎	
(73)	③	石黒宗麿	(98)	①	米林八十八	
(74)	③	米沢弘安	(99)	①	渡瀬政礼	
(75)	④	山本與興	(100)	②	松田東英	

金沢検定 予想問題集 2020

北國新聞社出版局編

「最近の話題」から「ゆかりの人物」まで11ジャンルにわたり、「過去問」を精査し、予想問題340を厳選した。冒頭の「本書を活用する前に」は勉強のコツを説いている。

変形四六判・258ページ・定価：本体1,200円＋税

【新訂版】よく分かる 金沢検定受験参考書

北國新聞社出版局編

第1回からの「過去問」を参考に、「加賀藩主とその家族たち」から始まり、「美術工芸」「文学」「偉人」など10章にわたって金沢に関する実戦知識を集約している。

四六判・322ページ・定価：本体1,500円＋税

これが加賀百万石回遊ルート

北國新聞社出版局編

金沢城鼠多門・橋が2020（令和2）年完成したのに合わせ、郷土史研究家の横山方子さんと孫の大学生知波綾さんが「加賀百万石回遊ルート」を歩き、魅力を探る。

A5判・188ページ・定価：本体1,364円＋税

【増補改訂版】かなざわ旧町名復活物語

北國新聞社出版局編

2011（平成23）年の主計町を皮切りに始まった旧町名の復活。令和に復活した金石地区の11町も含めた25町と、2021年秋復活予定の2町も加えた27町の今昔を検証する。

四六判・322ページ・定価：本体1,500円＋税

都市格を磨く　金沢、まちづくりへの思い

山出 保著

前市長の山出保氏が、金沢は世界に通ずる「都市格」を持っており、令和の時代に合わせ自らの能力と資質を高め磨けば、日本のモデルになるとの持論を展開する。

四六判、296ページ・定価：本体1600円＋税

いしかわの清流文化

北國新聞社出版局編

金沢の犀川、浅野川など、石川を流れる河川と「せせらぎ文化」を多角度から掘り下げた。士魂を磨いたとされる鮎釣りの今昔から金沢の三文豪の「清流礼讃」まで多彩に。

A5判・208ページ・定価：本体1,500円＋税

鷹峯を越え 百万石文化 創成の群像
横山方子著

本阿弥光悦が京都・鷹峯の地に開いた芸術文化の一大拠点と、文化の大藩となった加賀藩・前田家とのつながりなどを、石川や京都に残る史跡や資料から丁寧にひもといた。

A5 判・191 ページ・定価：本体 1500 円＋税

いしかわ 建築の博物館
水野一郎監修

伝統的な街並みや寺社、ユニークな外観の現代建築など、石川県内の建造物を余すことなく紹介した。県内 8 カ所にある重要伝統的建造物群保存地区（重伝建）もめぐる。

A5 判・202 ページ・定価：1500 円＋税

【愛蔵版】ふるさときらめき館
北國新聞社編

石川と富山両県にある国指定と県指定の文化財860件を取り上げ、写真や図を添えて分かりやすく解説している。コラムも充実している。

A4 判・920 ページ・定価：本体 20,000 円＋税

【愛蔵版】ふるさと人物伝
北國新聞社編

ふるさとの歴史を刻んだ人物を紹介する豪華図鑑。石川、富山にゆかりの人物565人を、古代・中世、近世、近代、現代の4つに区分し、まとめた。

A4 判・778 ページ・定価：本体 20,000 円＋税

【愛蔵版】石川・富山　ふるさと食紀行
北國新聞社編

石川、富山ゆかりの著名人や地元文化人ら128人の食のエッセーと、伝統料理や特産物、加工品、B級グルメのほか、風習についてビジュアルに解説している。

A4 判・676 ページ・定価：本体 20,000 円＋税

【愛蔵版】暮らしの歳時記 石川編・富山編
北國新聞社編

石川、富山県の年中行事や風習、神事、祭事などに光を当てた。婚礼や葬儀、和菓子、魚などの特集記事やコラムもあり、郷土の文化を掘り下げている。

A4 判・石川編 380 ページ、富山編 368 ページ・定価：本体 20,000 円＋税

よみがえる金沢城 1・2　金沢城研究調査所編

金沢御堂の時代から現在まで、城郭の移り変わりを
イラストや古絵図などを多用して再現する、金沢城
史の決定版。

A4 判・〈1〉定価：本体 2,000 円+税・〈2〉定価：本体 1,714 円+税

図説 前田利家

図説前田利家編纂委員会編

加賀百万石の藩祖・前田利家の実像を、丹念に調べられた
研究成果を基に、豊富な図版・史料とともに紹介する。

B5 判・152 ページ・定価：本体 2,000 円+税

図説 金沢の歴史　金沢市発行・北國新聞社制作

金沢の歴史を原始・古代、中世、近世、近現代に区分し、
81 項目を解説する。まち歩きに便利な「金沢歴史散歩地図」
も掲載している。

A4 判・184 ページ・定価：本体 2,381 円+税

兼六園　　石川県金沢城・兼六園管理事務所監修

兼六園の観賞ポイントや作庭の特長、歴史を詳説したガイ
ドブック。園内を 8 のエリアに分けて、地図やカラー写
真とともに解説。四季折々の花なども紹介した。

四六判・180 ページ・定価：本体 1,300 円+税

石碑でめぐる金沢歴史散歩　　三田良信監修

泉鏡花、徳田秋声の文学碑や金沢の地名の由来が記された
金城霊沢碑、歴史上の人物の業績を刻んだ碑など、金沢
市内の石碑 66 基を写真、地図入りで解説している。

A5 判・210 ページ・定価：本体 1,500 円+税

新 頑張りまっし金沢ことば

加藤和夫監修

北國新聞の人気連載をまとめた旧版をリニューアル。〝金沢
弁〟をめぐる最近の動きや、ミニ情報のコラムを加えた。

B6 判・296 ページ・定価：本体 952 円+税

もっと知りたい 金沢ふるさと偉人館 −92人の偉人たち−
金沢ふるさと偉人館 編集発行

鈴木大拙、西田幾多郎、高峰譲吉、八田與一ら金沢出身、あるいは金沢ゆかりの偉人92人を分野別に取り上げ、イラスト、写真、説明文でわかりやすく紹介している。

A4判、62ページ・定価:本体500円（税込）。同館でのみ販売

青木悦子の新じわもん王國 金澤料理　青木悦子著

料理研究家の著者が、50年にわたって研究した金沢の郷土食をまとめた。かぶらずしをはじめ、加賀野菜の特色を生かした料理約200点を収録。

B5判・152ページ・定価：本体1,905円＋税

金沢・加賀・能登 四季のふるさと料理　青木悦子著

金沢をはじめとする石川の守り伝えたい食約150点を紹介した。レシピとともに、おいしい食を育む知恵と心が詰まっている。

B5判・232ページ・定価：本体2,800円＋税

【復刻版】金沢の風習　井上雪著

年中行事や仏事、祭り、伝統食などの50話を通じて季節感あふれる金沢の生活を伝えている。昭和50年ごろの暮らしの風景が心温まる内容。

四六判・256ページ・定価：本体1,238円＋税

北陸 近代文学の舞台を旅して
金沢学院大学文学部日本文学科編

金沢学院大学文学部日本文学科の教授、准教授が執筆し、明治から戦後までの小説や詩、短歌に焦点を当てた。21作家の28作品を取り上げている。

A5判・208ページ・定価：本体1,600円＋税

恋する文学　ほくりく散歩
金沢学院大学文学部日本文学科編

金沢学院大学文学部日本文学科の教授、准教授が作品ゆかりの地を訪ね、背景などに迫った。北陸三県が舞台となっている五木寛之や唯川恵、宮本輝ら17氏の恋愛小説28作品を取り扱っている。

A5判・208ページ・定価：本体1,600円＋税

主な参考文献

◇「よく分かる金沢検定受験参考書」（時鐘舎）◇『愛蔵版　暮らしの歳時記　石川編・富山編』（北國新聞社）◇『愛蔵版　ふるさときらめき館　石川・富山の文化財』（北國新聞社）◇『愛蔵版　ふるさと人物伝』（北國新聞社）◇『石川県大百科事典改訂版　書府太郎（上・下）』（北國新聞社）『デジタル書府太郎　石川県大百科事典』（北國新聞社）◇『石川百年史』（石川県公民館連合会）◇『石川県の歴史』（山川出版社）◇『実録石川県史』（能登印刷出版部）◇『石川県社会運動史』（能登印刷出版部）◇『金沢市史（通史編３近代）』（金沢市）◇『科学技術の19世紀展図録』（石川県立歴史博物館）◇『時代に挑んだ科学者たち―19世紀加賀藩の技術文化―』（北國新聞社）◇『永井柳太郎』（勁草書房）◇『近代日本のリベラリズム―河合栄次郎と永井柳太郎―』（文理閣）◇『浅野川年代記』（十月社）◇『卯辰山と浅野川』（平澤一著）◇『津田式織機発明者津田米次郎』（塚田凡堂著）◇『資料第四高等学校学生運動史』（総合図書）◇『サカロジー―金沢の坂』（時鐘舎）◇『加賀・能登の禅寺を訪ねて』（曹洞宗石川県宗務所）◇『四季のふるさと料理』（北國新聞社）◇『おもしろ金沢学』（北國新聞社）◇『兼六園』（北國新聞社）◇『まるごと金沢』（北國新聞社）◇『徳田秋聲全集　別巻』（八木書店）◇『新　頑張りまっし金沢ことば』（北國新聞社）◇「北國新聞」連載「マジやばっ方言学」「マチかど方言学」◇『日本方言大辞典（全３巻）』（小学館）◇「もっと知りたい　金沢ふるさと偉人館―92人の偉人たち―」（公益財団法人　金沢文化振興財団、金沢ふるさと偉人館）

（順不同）

◇石川県、金沢市、金沢茶室総合案内、金沢市観光協会、金沢能楽美術館、各寺社などのウェブサイト

その他、各種全集・事典、新聞記事など

金沢検定予想問題集2021

2021年4月20日　第1版第1刷

発行所　時鐘舎

発　売　北國新聞社
〒920-8588　金沢市南町2-1
TEL 076-260-3587(出版局)
FAX 076-260-3423
E-mail　syuppan@hokkoku.co.jp

協　力　一般社団法人 金沢経済同友会

ISBN 978-4-8330-2232-3
©時鐘舎　2021,Printed in Japan

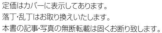